POR LÓGICA DEUS EXISTE

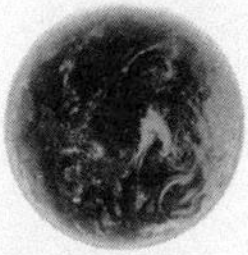

O Caminho da Felicidade

Jacobb Gonik

POR LÓGICA DEUS EXISTE

O Caminho da Felicidade

Mauad X

Direitos desta edição reservados à
MAUAD Editora Ltda.
Rua Joaquim Silva, 98, 5º andar
Lapa — Rio de Janeiro — RJ — CEP: 20241-110
Tel.: (21) 3479.7422 — Fax: (21) 3479.7400
www.mauad.com.br

Projeto Gráfico:
Núcleo de Arte/ Mauad Editora

CIP-BRASIL. CATALOGAÇÃO-NA-FONTE
SINDICATO NACIONAL DOS EDITORES DE LIVROS, RJ.

G64p

Gonik, Jacobb

Por lógica, Deus existe: : o caminho da felicidade / Jacobb Gonik. – Rio de Janeiro : Mauad X, 2007.

ISBN 978-85-7478-221-8

1. Deus - Prova de existência. 2. Religião e ciência. I. Título.

07-2198. CDD: 231.7
CDU: 231.11

SUMÁRIO

O CÉTICO E O MESTRE

Os astrônomos dizem que o Universo contém sextiliões de estrelas – o nosso Sol é uma delas – separadas por sextiliões de quilômetros. Um sextilião é representado pelo algarismo 1 seguido por 21 zeros, número este tão grande que até dificulta a nossa compreensão.

Próxima Centauri, a estrela mais próxima do Sol, fica "somente" à espantosa distância de 40 trilhões de quilômetros, pertíssimo ante o colossal tamanho do Universo. Pertíssimo em termos astronômicos, mas um moderno foguete levaria milhares de anos para ir da Terra a Centauri.

No outro extremo, dentro do nosso corpo, a distância entre dois átomos é um bilhão de vezes ***menor*** do que um metro. Além disso, os átomos contidos numa pequena moeda contêm mais energia armazenada do que numa bomba de hidrogênio.

Existe um mundo astronômico absurdamente grande e um mundo atômico absurdamente pequeno mas poderoso. Até parece que nós, seres humanos, nos situamos bem no meio do caminho entre os dois.

Essas dimensões gigantescas e minúsculas me deixam maravilhado. Não consigo conceber o Universo como sendo o resultado do **nada** e que, de repente, simplesmente aconteceu.

A maioria dos cientistas também odeia o nada; mas, como também rejeita a idéia de Deus, acha melhor acreditar que o Universo sempre existiu e que, portanto, nunca precisou de um criador.

Quando afirmei a um amigo, professor de Física, que tudo na natureza tem obrigatoriamente um agente causador, ele discordou.

"Como não?" questionei.

Sua resposta foi curiosa:

"É verdade que jamais vimos um incidente ou objeto na natureza sem um ou mais agentes causadores, sem pelo menos um "pai". No entanto, quem pode garantir que nunca encontraremos uma exceção? A ciência ainda precisa de uma prova matemática de que todo fenômeno tem "pai"! Até lá, a lei de causa-efeito, apesar de provável, não deve ser considerada verdadeira."

A maioria dos cientistas, porém, discorda do meu amigo e crê que tudo na natureza tem, sim, um ou mais criadores. Só que essa crença não prova a existência de Deus. Afinal, Deus também deveria ter pais, avós e assim por diante até o infinito. Por isso, segundo eles e com muita razão, dizer que Deus existe graças à lei de causa-efeito gera um inaceitável problema lógico.

Alegam, além disso, que as descobertas científicas sobre o cérebro indicam ser provável que Deus não passe de uma fantasia mental. E já que sempre achamos uma explicação concreta para os fenômenos conhecidos da natureza, para que Deus?

Tenho pensado muito sobre isso. Também sobre a existência da alma e, ultimamente, sobre a origem deste maravilhoso fenômeno que é a vida.

Concluí que podemos demonstrar a existência de Deus, valendo-nos justamente das principais teorias e leis que a ciência usa para negá-la.

Minha lógica fundamenta-se nas principais leis e crenças científicas: – a teoria da evolução de Darwin e o papel do DNA em nossas células, a teoria da relatividade de Einstein, a mecânica quântica e as leis da ação-reação, causa-efeito e entropia.

Tais leis, que procuro explicar em linguagem simples, são consideradas verdades quase sagradas pela maioria dos cientistas. Estou convencido de que tais verdades, ao contrário de invalidarem a idéia de Deus como os cientistas argumentam, nos levam justamente a concluir que Deus existe!

Para melhor expressar o raciocínio que me conduziu a Deus, resolvi representá-lo sob a forma de uma conversa entre dois personagens: – o Mestre e o Cético, meus alter-egos. O Mestre jamais recorre à fé; atém-se estritamente à lógica, pela qual cada verdade, uma vez demonstrada, serve de degrau para provar a verdade seguinte. Passo a passo, como subindo uma escada, ele vai dissipando as dúvidas do Cético.

Comecei questionando se precisamos de Deus para viver.

"As pessoas estão se afastando de Deus", respondeu o Mestre. "Violência, desamor e drogas são manifestações desse desvio. Como Deus é amor, precisamos reencontrá-lo sim".

Eu confessei que era difícil entender como milhões de pessoas aceitam uma idéia tão abstrata como a de Deus.

Ele ponderou: – "Imagine que você está perdido à noite numa densa floresta. Desorientado, não tem a menor idéia da direção em que deve caminhar. De repente, um relâmpago ilumina a mata; são apenas alguns segundos e a escuridão retorna, mas você viu de relance uma picada adiante. De volta ao escuro não sabe com precisão onde fica aquela saída, ainda vai seguir tateando, mas agora tem uma orientação. Há vários modos de se chegar a Deus. Um deles vem de repente como um relâmpago na floresta escura – num momento de desespero ou durante experiências inusitadas como pressentir o futuro. Após o lampejo, o indivíduo prossegue na penumbra sem conhecer toda a verdade, mas passa a ter fé na existência de uma força maior".

“Esse relâmpago que traz a crença em Deus” – retruquei – “é muito difícil de acontecer para alguém, como eu, cético e escravo da frieza do raciocínio científico.”

“Também é possível chegar a Deus através da lógica científica.”

Eu ri com ironia. Falar em Deus sem envolver fé e religião? Parecia tolice. Mas ele não pensava assim e dispôs-se a demonstrar a existência de Deus por meio de uma análise estritamente lógica.

Transcrevo essa conversa nos capítulos seguintes. Fiquei fascinado pelo Mestre tê-la começado, não por discutir Deus, mas pela pergunta que deixa os cientistas confusos: – “***O que é Vida?***” A resposta a essa questão é importante.

Muitos discordarão do Mestre por não citar Jesus, Moisés, Buda ou Maomé. Isso não significa que ele rejeite ou ignore as mensagens dos mesmos. O Mestre precisa dispensá-las para demonstrar que sem o uso da fé – apenas pelos caminhos da lógica científica – é possível chegar a Deus.

Portanto, sejam tolerantes aqueles que, por fé, consideram Deus como a força mais importante da natureza. O Mestre, com o seu método, quer demonstrar que a ciência converge para a mesma conclusão, apesar de hoje negá-la.

A surpreendente lógica desenvolvida pelo Mestre também permite afirmar que

Não existe conflito entre a teoria da evolução desenvolvida por Darwin – pela qual o homem é o resultado de milhões de anos de evolução – e a Bíblia, que afirma ser o homem o resultado de um ato divino.

A teoria de Darwin é hoje usada pela maioria dos cientistas para provar que a Bíblia está errada, criando sérios problemas entre várias escolas que querem apenas ensinar um ou outro – Darwin ou a Bíblia. De um modo inovador, o Mestre coloca um ponto final na discussão, mostrando que tanto Darwin quanto a Bíblia estão corretos!

Esse meu debate íntimo – aqui sintetizado sob a forma de um diálogo – na verdade ocorreu durante muitos anos. Ao final, funcionou como uma revelação, uma espécie de relâmpago mágico numa floresta cerrada. Dali por diante, o meu modo de encarar a vida mudou: – em especial, sumiram o medo do futuro e a revolta pelas frustrações no passado.

Espero que você também conclua que dores e sucessos fazem parte de uma ordem universal que busca a harmonia e o amor. E, acima de tudo, entenda a seguinte verdade:

Mesmo existindo o poder de Deus,
você tem vontade própria,
tem livre-arbítrio, e dia após dia
constrói o seu destino!

A lógica científica também permite
definir o caminho da felicidade!

O QUE É VIDA?

O Mestre principiou discorrendo
sobre o fenômeno da Vida:

Cada célula de um corpo vivo
– planta, animal ou ser humano –
mostra uma energização muito forte,

mostra uma capacidade maravilhosa de trabalhar,
multiplicar-se
e interagir com o meio ambiente
e com as outras células do corpo.

Há quem diga que Vida
é essa qualidade de estar energizado,
mas uma lâmpada elétrica ligada está energizada
e não tem Vida;
também a água numa cachoeira está energizada
e não tem Vida.

Há quem diga que Vida
é a qualidade de tudo que se mexe sozinho,
mas as árvores têm Vida e não se mexem sozinhas.

Há quem diga que Vida é a consciência,
uma força que se origina no cérebro,
mas as árvores têm Vida e não têm cérebro.

Há quem diga que a Vida vem da presença do carbono, mas a grafite e o diamante têm carbono e não têm Vida.

<u>Então, o que é Vida</u>?

O Mestre prosseguiu:

Dicionários e cientistas dizem que
Vida é a soma das características
pelas quais os animais e plantas
se mantêm em atividade,
absorvem e usam energia,
exibem metabolismo, crescimento, reprodução,
reação aos estímulos do meio ambiente
e, ao longo do tempo, evoluem,
isto é, mudam lentamente em resposta ao ambiente.

Uma ou outra característica também existe
nos seres inanimados, mas nunca a soma delas.

Obviamente eles confundem o efeito com a causa.
Equivale a dizer o seguinte:
Tuberculose é a característica de quem tem tosse,
febre regular, suores noturnos, etc.,
quando sabemos que esses são efeitos da doença
cuja causa é um bacilo atuando no pulmão.

A razão pela qual confundem
as características com a causa é simples:
Ninguém sabe ainda o que causa a Vida!
Somente sabemos como ela se manifesta.

Muitos cientistas acham que a resposta virá
ao se conhecer como a vida se originou na Terra.
Já descobriram fósseis de micróbios
datados de 4 bilhões de anos,
mas eles podem ter vindo do espaço num meteorito.
Quando cientistas passam uma corrente elétrica
por uma mistura de metano, amônia e outros gases
que existiam quando a Terra se formou,
são produzidos aminoácidos,
que são importantes componentes dos seres vivos.
Mas quando e como aminoácidos ficaram vivos?
Ninguém faz a menor idéia.

Erwin Schrödinger, um respeitado físico,
ganhador do prêmio Nobel,
publicou um livro de estudo sobre as células
chamado “O que é Vida?”.
Ele confessa que a Física e a Química talvez possam
um dia explicar o que é a vida,
mas ainda é cedo com os recursos disponíveis.

A vida ainda é um dos maiores mistérios da ciência.

O Mestre prosseguiu:

Creio ser possível concluir, por lógica,
que a Vida vem através de uma energia
que existe livremente no espaço do Universo,
energia essa que as células
das plantas, animais e seres humanos
conseguem captar,
assim como um receptor de televisão
capta certas ondas eletromagnéticas.
E pretendo demonstrá-lo.

Minha reação foi de total ceticismo:

Mestre, é difícil assimilar essa idéia
de que só estamos vivos porque as nossas células
captam do espaço uma energia invisível.
Creio que a minha vida
é apenas o resultado da atividade do corpo.
O pulmão manipula o oxigênio aspirado pelo nariz,
o sistema digestivo processa alimentos,
o sistema imunológico combate micróbios invasores,
o coração bombeia sangue e assim por diante.
Todos os sistemas do corpo funcionam integrados
como num automóvel ou noutra máquina complexa.

Mas as nossas células fazem até algo mais:
conseguem se automultiplicar,
mostrando que estão vivas.

O Mestre respondeu:

Outra vez você confunde os efeitos com a causa.
O que acontece no momento zero
em que a atividade de uma célula começa?

Você conecta o secador de cabelos à tomada;
a energia elétrica entra e ele trabalha.
Você coloca as pilhas num brinquedo;
a energia entra e o motor trabalha.
O vento esbarra no moinho e transfere para ele
a energia de movimento
que, por sua vez, veio da energia do sol.
A mistura de gasolina e ar explode no motor
e transfere energia para as rodas do carro.

Na natureza, sempre existe um agente externo
para qualquer atividade ou existência acontecer,
mesmo se o agente externo atuou há muito tempo,
mesmo em épocas remotas.
Qual o agente externo para as células vivas?

Ele continuou:

Observando os fenômenos, sabemos três coisas:

Primeiro - Nem tudo que trabalha tem Vida;
o brinquedo e o moinho trabalham
mas não têm Vida.

Segundo - Tudo o que vemos na natureza,
animado ou inanimado,
só começa a trabalhar
quando recebe um impulso inicial.

Terceiro - O impulso inicial
sempre vem de um agente externo.
Nunca se encontrou
um fenômeno sem "pai".

A lógica nos diz, portanto,
que, como tudo o mais no Universo,
alguma energia se anexa às células humanas
em uma fração ínfima de segundo
antes de elas começarem a trabalhar
e lhes dá o impulso inicial.
Não confunda com a espiritualidade
– alma ou sopro divino.
Essa energia a que me refiro e que nos dá a vida
é algo material, mensurável,
similar a outras energias que conhecemos,
como a eletromagnética.

Eu a batizei de ***VEV – Vibração Energética Vital***.

A atividade e automultiplicação das células
não criam a Vida,
apenas comprovam a existência da Vida.
Acontecem porque já existe Vida naquela célula.

Ele prosseguiu:

Sei que essa idéia pode chegar como um choque difícil de assimilar,
mas não se pode considerar absurda a idéia da VEV
porque, embora não vejamos a eletricidade
ou a força da gravidade entre a Terra e a Lua,
temos a certeza de que elas existem
porque conhecemos os seus efeitos.

Por lógica, o ***impulso inicial da vida tem de vir de fora do nosso corpo***
já que qualquer trabalho na natureza
começa por uma força externa.
Portanto,

A Vida vem por uma energia captada do espaço pelas células, energia esta que eu batizei de VEV:

Vibração Energética Vital

Eu ponderei:

Mas todos sabem
que as células metabolizam a sua própria energia.

O Mestre insistiu:

Não nego.
O que digo é que a ***vivência***
existe graças a uma energia externa,
é impossível negá-lo por lógica.
A VEV, porém, é necessária mas não é suficiente
e por isso
as células também geram uma energia operacional,
que é, portanto, uma energia de ***sobrevivência***.

Pelas palavras do Mestre,
para provar a existência da Vibração Energética Vital
– VEV –,
basta ser verdadeira a seguinte premissa:
Qualquer evento na natureza, sem exceção,
tem um agente causador externo.

Então, decidi questionar essa premissa:

Uma bolinha está parada,
rigorosamente imóvel sobre o chão.
Quando eu a empurro, ela sai rodando.
Entretanto, apesar de eu suspender o empurrão,
ela continua a avançar por algum tempo.
Sei que o movimento inicial se deveu à minha ação,
mas depois, sozinha, sumiu o agente externo.

Ele respondeu:

Sim, o agente externo foi o seu empurrão inicial.
A bola gira
até a energia que você lhe transmitiu se esgotar.

Em todos os eventos da natureza,
a causa pode ser muito antiga
ou difícil de achar,
mas sempre vem de fora do evento.

Às vezes precisamos subdividir o fenômeno
para entendê-lo.
Assim, quando dizemos que duas cargas elétricas,
positiva e negativa, se atraem mutuamente,
movem-se uma na direção da outra até se tocarem,
parece que causa e efeito estão juntos.
Mas se olharmos somente para a carga positiva,
vemos que ela se move atraída por uma força externa
– a carga negativa –
e vice-versa.

Sempre a causa, isto é, o disparador inicial ou "pai"
existe e é externo ao fenômeno.

A idéia da VEV era perturbadora, porém lógica.
Eu quis saber o que seria essa energia misteriosa.

Ele respondeu:

Houve uma época em que alguns cientistas julgavam
ser o espaço universal cheio de um fluido invisível
denominado éter.
Se estivéssemos naquela época,
alguém diria que a VEV era o próprio éter
ou outro fluido invisível qualquer,
já que essa era a direção do pensamento científico.

Depois a idéia do éter morreu
e o espaço foi entendido como um grande vácuo,
isto é, um grande vazio – o nada – entre os astros.
No século vinte,
surgiu o entendimento de que o espaço vácuo
contém aqui e ali muitos campos de força
como os gravitacionais e eletromagnéticos.

A ciência evolui e vive mudando
a sua percepção sobre a natureza.

Nós todos já estamos acostumados com a idéia
de que diferentes vibrações nos chegam pelo espaço.
Convivemos com ondas de rádio, de televisão
e dos telefones celulares.
Por isso, hoje podemos imaginar a VEV como sendo
um fluido, onda, energia ou campo energético,
tanto faz.
O que importa é entendê-la como uma vibração
espalhada e disponível no espaço do Universo.

Eu continuava inseguro:

Aceito que a VEV exista para uma célula trabalhar.
Mas o corpo humano
também produz sua própria energia
a partir dos alimentos que ingere e do ar que inspira.
Isso significa que basta o impulso inicial da VEV
e, a partir daí, o corpo cria sozinho a sua energia?

O Mestre respondeu:

A lógica nos diz que a VEV continua
permanentemente alimentando o corpo humano.

Se a capacidade de captar a VEV
é uma característica de todas as células,
por que essa característica desapareceria
depois do impulso inicial?
Se uma lâmpada acendesse
captando eletricidade do ar,
por que ela deixaria de captá-la logo depois?

Mas a lógica nos diz também que a VEV
não é suficiente para manter o corpo ativo;
senão, para que serviria a energia gerada
pela alimentação?

**A VEV é imprescindível para a célula viver;
mas as duas juntas
– a VEV e a energia gerada pelos
alimentos –
são necessárias para a célula sobreviver.**

Isso é fundamental e surpreendente:
obviamente há uma grande diferença energética
entre viver e sobreviver!
Isto é similar ao automóvel
que se move graças ao combustível,
mas requer uma bateria para dar partida ao motor.
E a bateria continua a operar sempre,
para que as partes elétricas, como o farol, funcionem.

O Mestre ressalvou:

Uma pedra é incapaz de captar a VEV,
por isso é inanimada.
Por outro lado,
a VEV sozinha é apenas uma vibração universal, não é vida!
A VEV passa ao largo da pedra,
ignora a matéria que não é habilitada a captá-la,
assim como o vento ignora
o moinho que não tem pás para captá-lo.

A Vida somente existe após a combinação da VEV com a célula que a capta.

Eu ainda tinha perguntas:

Uma célula viva, ao subdividir-se,
vira automaticamente duas células vivas?

Ele respondeu:

A célula original está, sem dúvida, viva
ou não conseguiria se subdividir.

Energias são transferíveis.
Logo, a célula nova, ao se desprender,
leva consigo uma porção da VEV.
Está viva, portanto.

Mas energias se esgotam se não forem renovadas.
A nova célula precisará continuamente
captar a VEV do espaço
e metabolizar, pelo alimento e ar,
uma energia adicional.

Perguntei se a VEV viria pelos raios cósmicos.

Ele respondeu:

Os raios cósmicos bombardeiam a Terra
incessantemente,
vindo de todas as direções do cosmo.
O que geralmente nos atinge
é uma chuva de fragmentos,
resultado do choque das partículas
com a atmosfera da Terra.
Os aparelhos detectam e analisam esses fragmentos,
mas ninguém sabe o seu efeito sobre o ser humano.

Os raios cósmicos não são barrados
e alcançam as partes mais internas do nosso corpo,
o que também é uma característica da VEV.

Entretanto, nenhum teste foi feito
para relacionar a VEV aos raios cósmicos.
Por lógica, nada podemos concluir ainda.

Mestre, a VEV tem a ver com a Alma?

Ele negou com firmeza:

A VEV nada tem a ver com a Alma ou outras idéias espiritualistas. Trata-se de um fenômeno energético como a eletricidade.

Uma estação emissora de televisão emite ondas
que um rádio e um liquidificador não captam;
é preciso um aparelho de TV sensível àquelas ondas.
De um modo similar, a VEV é apenas captada
pela matéria que tem as características adequadas.

Desconhecemos como a célula absorve a VEV.
Pouco a pouco, a humanidade
vem identificando e aprendendo a manipular
várias formas de energia para o bem ou para o mal.
Na Grécia antiga sabia-se que a eletricidade existia,
mas somente dois mil anos depois ela foi controlada.
Hoje a eletricidade ilumina as casas,
nós a usamos com o raio laser nas cirurgias
e com a energia eletromagnética para ver televisão.

Já que a VEV é um fenômeno puramente vibratório,
um dia também aprenderemos a manipulá-la.

Decidi especular um pouco:

Se a VEV está no Universo
pronta para se ligar aos seres orgânicos
e ela é igual em qualquer lugar do espaço,
então posso imaginar
que também está disponível para ser ativada por nós.
Dessa forma, um indivíduo pode usar a VEV
para se comunicar com uma planta?

Ele respondeu:

É provável.
Sabemos que a proximidade de certas pessoas
afeta as plantas, mesmo sem contato físico,
e a recíproca é verdadeira.
Há estudos que mostram que os animais
pressentem movimentos distantes
que ainda não geraram ruído, cheiro ou outro sinal.

A VEV é uma vibração disponível no espaço
que, embora não saibamos de onde vem,
é ***uma ponte entre todos os seres vivos***.
Muitas sensações ou premonições
que hoje atribuímos a outros fatores
podem ser transmissões através da VEV.

Uma pessoa talvez até possa transferir
um pouco da sua VEV a outra pessoa
ou ajudá-la a melhor captar a VEV do espaço.

Reiki, por exemplo, é um método oriental,
hoje muito difundido no ocidente,
de canalizar a chamada ***força de vida universal***
através das mãos de uma pessoa habilitada,
para equilibrar todo o organismo de outra pessoa.

O Mestre prosseguiu:

Os gregos antigos diziam que a vida
vinha de fora do corpo pela respiração dos deuses.
Diversas doutrinas e culturas orientais acreditam
na presença de uma ***energia vital*** no espaço
tal como o *chi* dos chineses e o *prana* hindu.
A Bíblia fala no "sopro da vida" vindo de Deus.
No "Livro dos Espíritos", o francês Allan Kardec,
codificador do espiritismo
registrou o que um ser espiritual lhe ditou:
"A vida é efeito de um agente externo
sobre a matéria;
sem a matéria esse agente não é vida,
e a matéria não pode viver sem esse agente".

Portanto, a idéia da fonte de vida universal é antiga.
Diz-se que o *chi* e o *prana* circulam dentro do corpo
por uma rede de sutis canais invisíveis
accessíveis pela acupuntura, zen-shiatsu e yoga.
Já o espiritismo depende da crença em espíritos.
Tais conceitos são complexos e sutis,
dependem de fé e, por enquanto,
se situam distantes da lógica científica.

Já a VEV é uma idéia simples que engloba as outras,
deduzida diretamente e apenas da lei de causa-efeito,
e que se aplica aos humanos, animais e plantas.
Não deve ser confundida com a alma.
Não procuro detalhar como funciona no corpo
porque me mantenho nos limites atuais da lógica.

Os cientistas insistem
em que o espaço universal é vazio – o vácuo –
atravessado aqui e ali por diferentes energias
como os raios cósmicos.
Entre as vozes discordantes, talvez a mais importante
tenha sido a de Paul Dirac,
ganhador do prêmio Nobel,
cujo livro *Princípios de Mecânica Quântica*
tornou-se um marco divisório
até hoje estudado e honrado pelos cientistas.

A Mecânica Quântica é um pilar da Física Moderna
e estuda o mundo dos átomos e partículas menores.
Ao tentar explicar certos fenômenos quânticos,
Dirac teorizou que o vácuo
seria um mar infinito de energia negativa.
Com isso, previu a descoberta da partícula positron,
o que de fato aconteceu.
O mar de Dirac foi descartado pelos cientistas,
que hoje explicam o positron por outros conceitos,
mas talvez tenha sido o mais perto que a ciência
chegou no século vinte
da hipótese do preenchimento do vazio universal
pela **VEV – a Vibração Energética Vital**.

Eu fiquei imaginando o choque dos cientistas
tendo de investigar o fato de que
a Vida somente existe
pela combinação da VEV com a célula que a capta.
Antes seria necessário que surgissem
provas da presença da VEV
e aparelhos que captassem a sua existência.

Foi como se o Mestre tivesse lido os meus pensamentos:

> Realmente,
> até agora não se achou evidência científica da VEV
> e muitos cientistas até questionam
> o princípio de causa-efeito.
> Argumentam que as origens de muitos fenômenos
> ainda são obscuras,
> e, portanto, quem sabe, um dia poderemos descobrir
> que eles são espontâneos,
> isto é, que acontecem sem um agente causador.
>
> Esse tipo de argumentação não é novo,
> mas é preciso muito cuidado
> ao se negar uma idéia revolucionária.

Lorde Kelvin,
o presidente da Sociedade Cientifica inglesa
no início do século vinte,
afirmou que máquinas voadoras
mais pesadas do que o ar eram impossíveis.

Na mesma época, a companhia Western Union
declarou que o telefone
era tecnicamente inviável, tantos os seus problemas.

Quando alguns engenheiros
levaram à Presidência da IBM
o projeto do computador pessoal, o PC,
os cientistas e peritos da empresa afirmaram
que a idéia não tinha futuro;
apenas venderiam alguns milhares de unidades.
Disseram que
a tecnologia estava no limite de evolução possível
e as pessoas não teriam o que fazer
com computadores em suas casas.
Eles apenas seriam usados nos grandes escritórios.

Freqüentemente os cientistas são obrigados a aceitar
conceitos novos que julgavam absurdos.
Seguramente o “mar de Dirac”
será revivido um dia com alguma variação,
provando-se a ligação dos seres vivos com a VEV.

Ponderei:

Mas o fato de existir uma energia universal
– patrocinadora da Vida –
não prova a existência de Deus,
ainda mais sendo a VEV material e não espiritual.

O Mestre respondeu:

Quando eu demonstrar a existência de Deus,
voltarei a abordar a VEV
com mais dados sobre a sua função no Universo,
mostrando como ela se integra numa verdade maior.

Por enquanto, lembre-se de que
o Universo é regido por alguma leis fundamentais.
Uma delas é a ***lei da causa-efeito,***

pela qual todo efeito tem uma ou mais causas
e essas causas se localizam fora do efeito!

Essa lei já nos explicou o que é Vida!
Não importa que muitos cientistas fujam dessa lei;
eles sabem que ela existe,
só esperam alguém prová-la matematicamente.

Agora vamos abordar outra teoria científica:
a da ***evolução de Darwin,***
que é muito usada para provar que a alma não existe.
Pois, justo com ela, provaremos a existência da alma
ou Donum, como eu prefiro chamá-la
para distingui-la das doutrinas religiosas!

DONUM

O Mestre começou a tecer considerações
sobre os seres vivos
– isto é, todos os corpos que capturam a VEV:
plantas, animais e seres humanos.

As plantas têm Vida.

Além disso, estudos mostram
que muitas plantas definham
quando cuidadas por certas pessoas
e crescem vigorosamente se cuidadas por outras;
também mostram que elas são sensíveis
a diferentes vibrações tais como as musicais.

Essas reações não são inteligentes,
mas apenas sensitivas.
Tal sensitividade não existe na matéria inanimada,
como a pedra e a água,
existe apenas nas plantas e demais seres vivos.
Nunca, porém, se demonstrou
a existência de inteligência nas plantas.

Os animais têm Vida e Inteligência.

Estudos mostram que a inteligência reside no cérebro
e é mais poderosa em alguns animais.
O chimpanzé, por exemplo,
raciocina melhor do que a galinha.
Um psicólogo mediu a inteligência de um macaco
ao usar um computador sensível ao toque.
Para obter a banana,
ele tinha de tocar sete cartas numa certa ordem.
Já que ele não usa a linguagem como nós,
precisava aprender por imitação,
tentando diferentes seqüências.
Teve sucesso depois de algumas tentativas.

Não podemos imaginar uma galinha
repetindo um feito tão complexo.
Todos os animais têm inteligência;
só que alguns mais, outros menos.

As plantas e animais possuem Vida
e Sensitividade ante certas vibrações
como a música,
mas os animais possuem algo mais:
a inteligência!

Ele prosseguiu no seu raciocínio:

Graças à inteligência,
os animais podem correlacionar fatos e objetos:
um cão pode aprender
que o som de uma campainha lhe traz comida
e apertá-la para conseguir a ração.
Entretanto, o cão não consegue ver o símbolo cristão
em dois paus amarrados em forma de cruz –
ele enxerga apenas dois pedaços de pau.
A inteligência animal existe, mas é limitada.

Já o ser humano, além de inteligente,
pode correlacionar idéias
– entender o símbolo da cruz –,
aprender sem limites,
maquinar projetos, ter objetivos,
fantasiar, inventar, revolucionar, filosofar
e desenvolver novas formas técnicas e artísticas.
Todos esses dons do intelecto
representam um poder superior à inteligência animal,
embora precisem da inteligência para se manifestar.

Eu chamo ao conjunto dessas qualidades intelectuais de
Sabedoria.

Para mim, Sabedoria é mais do que conhecimento;
é a soma de todos os dons intelectuais
que somente o ser humano possui.
Quando um cientista
expõe os cálculos para enviar satélites ao espaço,
você está assistindo à manifestação
da Sabedoria humana
e não só à manifestação de uma elevada inteligência.

Além de possuir Sabedoria, nós, humanos,
podemos impor a nossa vontade,
graças ao ***Livre-Arbítrio***,
sobre os nossos impulsos instintivos.

E podemos também desenvolver ***Valores Morais***
cuja existência independe das regras da sociedade.
O ser humano consegue entender
o Valor Moral de "não roubar",
e também o Valor Moral de "ajudar os necessitados".

Mesmo aquele que diz
"eu roubo porque todos roubam"
também está usando esse poder humano
para estabelecer os seus próprios Valores,
embora amorais.

Também quando desiste de matar o inimigo vencido,
quer por piedade ou por religiosidade,
uma pessoa demonstra ter escolhido um Valor Moral.
Ao contrário, o animal obedeceria ao instinto de lutar
e somente fugiria se antecipasse a derrota.
O instinto de proteção maternal ou tribal
e mesmo ações caridosas de animais
– uma cadela amamentar um gato órfão –
jamais traduzem a adoção de um novo Valor Moral.

Como explicar essa capacidade superior
dos seres humanos sobre os animais?

Antes de tudo, vamos dar um nome a esse poder humano que transcende à inteligência animal. Gosto de chamá-lo pelo nome ***Donum***, que significa dom, privilégio e dádiva em latim.

O Donum engloba os seguintes privilégios humanos:

Sabedoria - o dom de inovar, projetar e crescer em conhecimento - o poder da sapiência;

Livre-Arbítrio - o dom de agir livre dos instintos e compulsões - o poder da vontade;

Valores Morais - o dom de escolher seus próprios valores - o poder moral.

As plantas têm Vida,
os animais têm Vida e Inteligência,
e a humanidade tem Vida, Inteligência e o Donum.

Donum é o nome que eu dei para as três qualidades especiais que nos diferenciam das plantas e dos animais: Sabedoria, Livre-Arbítrio e Valores Morais!

Contra-argumentei:

E daí que os humanos
têm Inteligência e habilidade de correlação
muito superiores às dos animais?
E daí que os humanos podem crescer em Sabedoria,
a qual gerou as invenções
e o desenvolvimento da civilização?
Acho que essas qualidades
são apenas formas avançadas de inteligência;
somos apenas animais aperfeiçoados
pela evolução natural das espécies de Darwin.

O Mestre retrucou:

Todos sabem
que somos mais avançados do que os animais.
Até agora, tudo o que fiz foi classificar esse avanço
em três categorias
– Sabedoria, Livre-Arbítrio e Valores Morais –
e dar-lhe um nome único: – ***Donum***.

Entretanto, posso demonstrar que o Donum
não é uma forma superior da inteligência,
isto é, não vem da evolução natural dos animais.

**Posso demonstrar que o Donum
não é um dom especial do nosso cérebro,
e sim o dom de uma partícula inteligente
que vive no espaço universal
e que se anexa ao ser humano.**

Sei que essa idéia é chocante, parece absurda.
Vou partir justamente da teoria da evolução,
que é usada para negar a existência da alma,
para demonstrar a existência da alma,
embora eu adote o nome Donum, em vez de alma,
por razões que explicarei depois.
.

O Mestre prosseguiu:

Para provar que o Donum é captado pelo corpo,
vou começar a análise
pela ***teoria da evolução*** das espécies
enunciada por Darwin no século dezenove,
aprimorada por outros estudiosos,
e hoje considerada
uma teoria fundamental do Universo.

No interior das nossas células
existe uma estrutura química, conhecida como DNA,
que determina, entre outras coisas,
como o corpo vai crescer,
como cada parte deve trabalhar,
como vai enfrentar micróbios
e como vai gerar descendentes.
O código genético contido no DNA
é mais poderoso do que uma receita de bolo
porque determina o que vai suceder muitos anos
depois do bolo formado;
se a pessoa, por exemplo,
é propensa ao diabetes ou Alzheimer na velhice.

Sob ações físicas e químicas,
o DNA sofre mutações, isto é, se transforma
como se a fórmula do bolo se modificasse de repente.
Se a mutação fortalece o animal no meio ambiente,
então ele sobrevive.

> O exemplo clássico é o das borboletas brancas
> entre as quais nasce uma de cor preta
> devido a uma mutação repentina.
> A borboleta preta se esconde melhor
> dos predadores na fumaça escura das fábricas.
> Por isso, as borboletas brancas morrem
> e só as pretas sobrevivem.

Portanto, não basta a mutação;
é preciso também que o novo ser, mutante,
seja apto a sobreviver.

Pela teoria da evolução de Darwin,
a capacidade superior humana, que chamei Donum,
veio da mutação de um ancestral do macaco.
Aquele mutante sobreviveu e sofreu novas mutações,
centenas delas, sucessivas
até chegar aos seres humanos atuais.

Muitos animais gerados pelas sucessivas mutações
sofridas por aquele ancestral do macaco
sumiram por não terem sido "aptos" a sobreviver.
Os chimpanzés e os humanos
são duas mutações que sobreviveram.

O Mestre prosseguiu:

Quero deixar claro que concordo com Darwin
sobre a validade da ***teoria da evolução***.
As mutações de fato existem,
já que sempre encontramos novos vírus e animais.

Mas observe que as mutações agem
cumulativamente, as novas em cima das antigas;
é o caso, por exemplo, dos dois ossos
da articulação das mandíbulas dos répteis
que, segundo os cientistas, foram se transformando
até formarem os ossos internos do nosso ouvido.

Portanto, a evolução dos animais
passou por muitas mutações em seqüência
como se o DNA subisse uma rampa aos poucos.
A subida se dá ora depressa,
ora durante longos anos,
mas sempre em rampa, sem gigantescos pulos.

Porém, apesar de existirem dois milhões
de espécies de seres vivos,
a distância mental entre o homem
e o animal mais inteligente
representa um gigantesco pulo!

Essa diferença é ***quantitativa***,
isto é, temos maior inteligência do que os animais,
mas também é ***qualitativa***,
isto é, o ***Donum representa funções adicionais***
– Livre-Arbítrio, Valores Morais e Sabedoria –,
que são de natureza diferente!

Não estamos falando de pessoas
com maior ou menor Sabedoria,
e sim da capacidade potencial
existente em cada ser humano
de estudar, construir edifícios, inventar,
criar obras de arte, explorar, filosofar,
desenvolver a matemática, a química
e demais ciências.

O Donum não significa apenas maior inteligência do homem sobre o animal. Também significa novos talentos, uma revolução em vez de uma evolução!

Argumentei:

Aceito que o Donum seja mais do que uma evolução
do animal ao homem,
seja uma verdadeira revolução.
Entretanto, uma revolução também pode ser obtida
por muitas mutações ao longo de milhões de anos.

O Mestre contra-argumentou:

Não fale em milhões de anos.
O pulo gigantesco do animal ao *homo sapiens*
aconteceu de repente!

Os cientistas consideram que o homem
existe há 200 mil anos;
um ser que andava ereto
e mostrava inteligência e habilidade,
como ao desenhar nas cavernas e dominar o fogo.
Há 12 mil anos apareceram atos de inteligência
mais avançada, como o uso do arco e flecha
e a domesticação de cães.
Podemos dizer, no entanto, que aqueles seres
eram animais mais inteligentes,
já que não havia sinal dos talentos
definidos como "civilização"
e representados por um sistema de escrita,
calendário, agricultura, cidades, formas de arte,
organização geopolítica, leis, etc.,
justamente o que identifica a presença do Donum.

A civilização, como a batizamos,
surgiu há pouco tempo
– somente há cerca de 6 mil anos –
na Suméria e logo no Egito e China, de repente,
mais como um degrau do que como uma rampa,
mais como uma **revolução** do que uma evolução.

Estudos genéticos indicam
que entre 95 e 98 por cento do DNA do chimpanzé
é idêntico ao nosso.
Do ponto de vista genético somos
pouco melhores do que os macacos.
Portanto, ***não houve um pulo genético gigantesco***!

Além disso, é altamente questionável
que uma evolução em rampa, progressiva,
desse o pulo da magnitude do animal ao ser humano,
mesmo que ocorresse durante milhões de anos.

Mesmo que o DNA do chimpanzé
dobrasse de complexidade,
a sua inteligência não evoluiria
para chegar à Sabedoria como a definimos.
A Sabedoria não é a inteligência aprimorada!

Mesmo que o DNA do chimpanzé
dobrasse de complexidade,
o seu instinto jamais evoluiria ao Livre-Arbítrio!
O Livre-Arbítrio não é o instinto aprimorado!

Mesmo que o DNA do chimpanzé
dobrasse de complexidade,
a sua afetividade animal
jamais evoluiria para construir Valores Morais!
A moral não é a afetividade aprimorada!

Como explicar esse ***salto revolucionário qualitativo*** ***e*** ***repentino, há cerca de 6 mil anos,*** do ancestral do macaco para o homem, ainda mais levando-se em conta o ***DNA quase idêntico*** entre ambos?

A resposta é simples, embora surpreendente:
uma única mutação,
um único gene novo poderia fazê-lo,
desde que a habilidade desse novo gene
fosse anexar um Donum existente no espaço,
isto é, anexar uma partícula energética
que já contivesse o Livre-Arbítrio
e o dom de ter Sabedoria e Valores Morais.

Do mesmo modo que basta uma única gota
para transbordar a água de um copo cheio,
basta um único gene
para criar o privilégio de captar o Donum!

**O *homo sapiens* nasceu
quando uma única mutação
acrescentou um novo gene
no cérebro do ancestral do macaco
há mais ou menos 6 mil anos.
Esse fantástico gene é capaz
de anexar o Donum existente no espaço!**

Perguntei:

Será que existiu mesmo o surgimento súbito desse novo gene?

O Mestre retrucou:

**Em 2005, cientistas da Howard Hughes Medical Institute e das Universidades de Chicago e Maryland, nos Estados Unidos, mostraram que uma variante do gene ASPM,
regulador do tamanho do cérebro
e somente existente nos seres humanos,
surgiu há cerca de 6 mil anos.
Não é surpreendente?**

Talvez não tenha sido esse gene e sim outro o criador do milagre.
Mas há 6 mil anos os sinais da existência do Donum surgiram entre os seres humanos.
Nascia o *homo sapiens*,
um pulo qualitativo sobre a inteligência animal.
Nascia então a civilização como a definimos.

A partir daquela época os humanos passaram a anexar uma partícula energética
existente no espaço universal: – O Donum!

Perguntei:

O Donum é similar à VEV?

O Mestre respondeu:

O Donum também vem do espaço universal,
mas se fosse uma vibração esparsa como a VEV
teria produzido apenas o potencial
para as novas funções,
isto é, a partir daquela data
a civilização começaria a subir uma nova rampa.
Entretanto, a civilização surgiu como um degrau,
já incluindo as características básicas hoje existentes.

Além disso, cada um de nós
tem seu próprio nível de Sabedoria e Valores Morais.
Isso significa
que cada Donum tem características próprias
e é, portanto, individualizado.

Além de ser uma partícula,
o Donum é, sem dúvida, inteligente!

Eu fiquei surpreso:

Você acabou de descrever o que chamam de Alma!

Ele respondeu:

Com algumas diferenças.
A palavra Alma traduz uma idéia religiosa, espiritualista.
Já a palavra latina *Donum* significa privilégio ou dom:
o dom de cada um de nós, humanos,
possuir um Centro Energético desses, individual,
mensurável e futuramente observável pela ciência.
Considero tão maravilhosas essas partículas,
que uso o mesmo nome – Donum –
para representá-las mesmo no plural.
Desse modo, enfatizo a sua qualidade individual.

Além disso, certas doutrinas religiosas
dizem que Vida e Alma são sinônimos.
No meu conceito,
a VEV, que é única no Universo,
e os Donum, que são muitos,
são de natureza completamente distinta.

Eu continuei expondo a minha perplexidade:

Os cientistas afirmam que levamos milhões de anos
evoluindo para chegarmos ao *homo sapiens*,
seres humanos,
enquanto que a Bíblia
diz que a criação do homem foi repentina.
O Velho Testamento dá à criação do homem
como tendo sido justamente há cerca de 6 mil anos.
Aceitar que o Donum vem de fora do corpo,
faz-nos tomar partido nessa discussão
entre cientistas e seguidores da Bíblia?

Ele respondeu:

Não há como negar que a evolução
trabalhou milhões de anos até chegar aos golfinhos,
macacos e outros animais inteligentes.
Portanto, ***o nosso corpo é, sem dúvida,***
o resultado de uma evolução.

A natureza na Terra começou sem vida alguma.
De repente,
um grupo de moléculas à base de carbono
atingiu tal nível de desenvolvimento
que lhes permitiu captar a VEV existente no espaço;
naquele momento a Vida começou a existir na Terra
e aquelas moléculas começaram a se auto-replicar.

Todos os seres vivos – plantas e animais –
seguiram evoluindo por milhões de anos
até que, há cerca de 6 mil anos,
um ancestral do macaco
ganhou um desenvolvimento genético específico
– talvez aquele gene ASPM recém-identificado –
que lhe permitiu captar os Donum do espaço.
Naquele momento, o *homo sapiens* passou a existir.

Portanto, Darwin e a Bíblia
jamais estiveram em conflito!

**Tanto Darwin quanto a Bíblia estão certos;
Darwin, ao dizer que o corpo humano
é fruto de milhões de anos de evolução.
A Bíblia, por enfatizar
o momento em que o Donum – ou Alma –
começou a habitar os corpos,
o momento em que Deus
"criou o homem".**

Embora eu achasse que o Mestre demonstrara
a compatibilidade entre Darwin e a Bíblia,
a conclusão ainda precisava de uma explicação:

> Muitos religiosos acreditam firmemente
> que Deus realmente criou o homem-corpo
> e que, portanto, nem existiu a evolução do corpo
> por milhões de anos.

O Mestre respondeu:

**No momento em que um novo gene
durante o processo evolutivo
permitiu a anexação do Donum ou Alma,
pode-se dizer que
efetivamente o ser humano foi criado.**

Portanto, do mesmo modo que a religião aceitou
que a Terra gira em torno do Sol,
poderia talvez aceitar a **teoria da evolução**
e o fato de que o corpo levou milhões de anos
para chegar ao estado de hoje, isto é,
ao momento da criação do homem há 6 mil anos.

Se nos atermos ao texto explícito da Bíblia,
pelo qual Deus criou o homem à sua imagem,
vemos que a lógica também poderia
conceitualmente satisfazer esse conceito.

A anexação do Donum deu ao cérebro humano
o Livre-Arbítrio
e a capacidade de desenvolver
Sabedoria e Valores Morais.
Portanto, presenteou o cérebro humano
com uma dose, mesmo mínima,
do poder de Deus.
Pode-se dizer que somos feitos à sua imagem.

E o Mestre resumiu:

A **teoria da evolução** de Darwin procura explicar
como os répteis e animais evoluíram até o homem,
tanto fisicamente quanto em termos de inteligência.

Mas a **teoria da evolução** não consegue explicar
o pulo mental repentino do homem sobre o animal
– maior do que a inteligência –
que lhe deu qualidades novas como o Livre-Arbítrio
e o dom de evoluir em Sabedoria e Valores Morais.

A **teoria da evolução,** porém, consegue explicar
o aparecimento, por mutação,
de um gene no cérebro humano há 6 mil anos
que lhe permitiu anexar o Donum –
uma partícula inteligente existente no Universo
que contém o Livre-Arbítrio
e o dom de evoluir em Sabedoria e Valores Morais.
Naquele momento nasceu o *homo sapiens.*
Darwin e a Bíblia convergem para essa explicação!

Eu estava perplexo:

Uma lei universal, de causa-efeito, prova
a nossa dependência de uma energia externa
– a VEV.
Já a teoria da evolução prova a existência do Donum,
que parece um invasor alienígena no nosso corpo.

Ele respondeu:

Você ainda duvida de que é integrado na natureza?
Você acha que é um bloco sólido de matéria?

Se você pudesse examinar um átomo do seu corpo,
veria minúsculas partículas, como elétrons e quarks,
movendo-se dispersas dentro de um enorme vazio.
Se esse vazio dentro do átomo
fosse do tamanho da Terra,
toda a matéria lá dentro, comprimida, bem apertada,
teria somente o tamanho de uma pérola.
Nós somos praticamente feitos de espaço
bombardeado sempre por centenas de emanações,
como raios cósmicos e ondas de televisão e rádio.

Nós, seres humanos, devemos ficar felizes
porque a VEV e o Donum não são energias comuns
e sim poderes maravilhosos.

Ponderei:

Poucos cientistas crêem na existência da alma.
Livros e mais livros têm sido escritos
para provar que a alma não existe,
que esse poder chamado Donum reside no cérebro.

Ele respondeu:

No século dezessete, René Descartes declarou
que cérebro e mente eram objetos diferentes
porque o cérebro existe no tempo e no espaço,
enquanto que a mente inclui a
"consciência de existir",
que não se sujeita a essas dimensões.

Hoje os cientistas não pensam assim.
Estão convencidos de que a "consciência de existir"
vem de uma conexão especial dos neurônios.

Não se pode negar a existência dessas conexões,
mas isso não significa que a fonte
de muitas atividades mentais
– justamente as mais importantes
e que nos diferenciam dos animais –
não possa estar fora do cérebro
e apenas se manifestando ***através*** do cérebro!

O Donum, obviamente, precisa do cérebro
para se manifestar no corpo humano.

Quando você liga o rádio e escuta uma música,
sabe que o aparelho não criou aquela música,
sabe que ela veio da estação emissora
através de ondas eletromagnéticas.
A função do rádio é transformá-la
do formato onda para o formato som.

O cérebro humano é mais complexo do que um rádio.
Ele tem suas próprias emissões
de instintos, sensitividade e inteligência,
similares às que você encontra em todos os animais.
Mas serve também como receptor, igual a um rádio,
para as emissões energéticas que partem do Donum.

Um dia, os cientistas construirão aparelhos
que, ao analisarem qualquer zona cerebral,
vão separar as emissões que saem da parte animal
daquelas que saem do Donum.

Insisti:

Se o Donum é uma partícula independente,
por que os médicos conseguem identificar no cérebro,
graças aos aparelhos modernos
e cada dia com mais precisão,
as zonas cerebrais dos diferentes poderes mentais?

Muitos doentes terminais que retornaram à vida
viram uma intensa luz no fim de um túnel escuro.

Mas os cientistas dizem que o túnel
nada mais é do que a perda da visão periférica
e maior brilho na visão central.
Quando falta oxigênio no cérebro,
a imagem central fica mais brilhante
porque são mais numerosas as células
do córtex que cuidam da visão central.
Drogas como LSD podem criar o mesmo efeito.

Pessoas em hospitais
que estiveram quase mortas e retornaram à vida,
disseram que saíram do corpo e flutuaram no espaço.

Neurologistas, porém, mostraram
que estimular o lobo parietal do cérebro
faz o paciente ter a sensação
de sair do corpo e flutuar na sala.

Isso não nos faz concluir
que o nosso cérebro detém todos esses poderes?

O Mestre discordou:

E por que não concluir
que estimular o lobo parietal
libera o Donum de uma de suas prisões
dentro do cérebro,
permitindo a sua manifestação mais livre?

Já mostramos que a única possível explicação para a diferença qualitativa entre os seres humanos e os animais não é a genética.
Essas qualidades residem no Donum, que vem do espaço e se anexa ao corpo!

Logo, esses estudos dos cientistas
não provam que o Donum inexiste.
Ao contrário, provam justamente o meu ponto,
isto é, que o cérebro material é um parceiro
que bloqueia e libera o Donum seletivamente
e que os cientistas precisam aprender
a separar os dois fenômenos.

O Mestre analisou o funcionamento do Donum:

Sabemos que os bebês nascem sem conhecimentos
e que a Moral também depende da sociedade.
Portanto, mesmo que o Donum traga certa sapiência,
já que é inteligente,
há um fenômeno de integração com o cérebro físico
que, de algum modo, limita o poder do Donum,
embora não limite o seu potencial de evoluir.

> Também a música que vem pelo ar
> sob forma de onda eletromagnética
> depende do rádio para ser ouvida.
> Se o rádio funciona mal, com baixa qualidade,
> capta a estação com ruído ou nem a capta.
> E pode transmitir estéreo ou mono.

Um Donum de grande Sabedoria pode se anexar
a um corpo que não tenha oportunidade de estudar
e, portanto, jamais exibir sua Sabedoria verdadeira.
O cérebro e o Donum operam juntos,
formando um sistema único.
Qualquer limitação do cérebro
limita a capacidade de o Donum se expressar!

Sempre tive curiosidade pelas abordagens orientais
como a meditação e ioga. Perguntei:

Será que eu posso me abstrair do meu cérebro
e concentrar mentalmente no meu Donum?
Será que eu posso sentir que a minha força mental
vem, na verdade, de um Centro energético?

O Mestre respondeu:

Muitas doutrinas dizem que é possível
se conectar às forças da natureza
por meio da meditação, ioga, tai chi
e outros processos de concentração mental.
Diz-se que no estado conhecido como samadhi
a pessoa experimenta a paz interior
e se sente unida às energias do Universo,
elevando a consciência acima deste mundo
e obtendo a energização rejuvenescedora cósmica.
Por enquanto,
não há como enquadrar tais hipóteses
na lógica científica;
talvez no futuro isso aconteça.

Eu também tinha dúvidas
quanto ao desenvolvimento científico:

Um dia os cientistas serão tão hábeis
a ponto de manipular o DNA de um bicho,
a ponto de fazê-lo captar um Donum?

O Mestre ponderou:

No futuro, sem dúvida,
os cientistas se tornarão hábeis em manipular o DNA.

Entretanto,
lembre-se de que não basta o DNA ter o gene certo.
O Donum é um ente inteligente e com livre-arbítrio.
Talvez a nossa forma humana
lhe seja a única conveniente
e, logo, ele pode optar por não se anexar ao bicho
por razões que ainda desconhecemos.

Também os especialistas em inteligência artificial dizem ser possível fazer um computador ou um robô reproduzir o intelecto humano.

Não há nenhum absurdo lógico nisso.
Afinal, os computadores estão evoluindo
e já se estuda o uso de células
para substituir os circuitos eletrônicos.
O que chamamos hoje de computadores,
ao possuírem o DNA artificial adequado,
poderiam até captar a VEV, isto é, terem vida.
Seriam então plantas ou animais
com uma nova forma física. Nada ilógico.

> Porém, quanto a esses novos seres vivos
> anexarem um Donum existente no espaço,
> caberia ao Donum, por sua própria vontade,
> decidir se deseja usar aquele corpo.

O mais alto degrau científico será construir o Donum.
Considerando que o Donum existia antes
e existirá depois de o ser humano morrer,
que faz parte das origens do Universo,
tem vontade própria
e qualidades superiores à inteligência,
talvez seja impossível construí-lo artificialmente.
Mas é um assunto aberto à discussão.

Pedi:

Fale-me do aborto e do uso de células-tronco,
as células ainda não especializadas do embrião.
A sua lógica nos permite decidir a ação correta?

O Mestre respondeu:

As discussões têm se centrado
em quando começa a vida.
Muitos religiosos e embriologistas estão convencidos
de que a vida começa na fecundação.
Já muitos médicos e neurocientistas crêem que só
quando o cérebro começa a se formar, após 14 dias.
Outros definem ser o momento inicial da vida
entre 8 e 16 semanas, quando aparecem os órgãos.

O problema é que se discute apenas o início da vida,
o qual, sem dúvida, acontece na fecundação,
quando a VEV se anexa.
Porém essa vida é igual à das plantas e animais.

**A pergunta correta não é quando
a vida começa, como tem sido discutido,
e sim quando o Donum se anexa ao corpo.
Até que o Donum se anexe,
o feto é só um ser humano em potencial.**

Muitos espiritualistas dizem que o aborto é ruim
porque destrói a oportunidade de a alma se anexar.
Já outros dizem que isso é importante, mas não muito
porque a alma escolherá outro feto adequado no futuro.

Certos juristas, que não acreditam na alma,
isto é, no Donum, insistem em que somente ao nascer
o ser humano tem direito à proteção legal.
Outros advertem que a vida útil termina quando
o cérebro pára, mesmo estando o coração ainda vivo,
permitindo a retirada de órgãos para os transplantes;
portanto, concluem que a vida útil também só existe
a partir de quando o cérebro do feto principia a funcionar.

Por lógica, sendo o Donum uma entidade inteligente,
participa na escolha do feto ao qual vai se anexar.
Mas em que momento efetivamente se anexa?
Não sabemos.
Teríamos de saber o instante em que se ativa o gene
do nosso cérebro que permite a anexação do Donum.
E mesmo que o gene fique ativo na concepção,
desconhecemos se outros desenvolvimentos
são necessários para o Donum se anexar.

A lógica, portanto, ainda é insuficiente,
por falta de dados.
Já que a VEV, que traz a vida,
e o Donum, que traz a capacidade humana,
são energias estudáveis pela ciência,
acredito que um dia saberemos muito mais.
Até lá, depende da consciência de cada um.

Naquele estágio da conversa,
eu já havia assimilado a existência da VEV e do Donum
como sendo fenômenos normais da natureza,
mesmo que ainda não detectados pelos cientistas,
mas confesso que ficava faltando a razão para tudo isso.
Perguntei de onde vinham essas energias tão especiais,
se elas seriam geradas
por uma série de coincidências na natureza,
ou parte de um objetivo maior no Universo.

O Mestre respondeu:

> Esse é o grande dilema:
> Onde se originam a VEV e o Donum?
> Serão essas duas energias e tudo o mais no Universo
> fruto espontâneo da natureza,
> ou comandadas por uma força maior
> chamada Deus?

E o Mestre complementou:

Mas antes de falarmos sobre Deus,
considerando que o seu Donum particular
é a sua consciência, responsável
por sua Sabedoria, Valores Morais e Livre-arbítrio,
e que o seu Donum existia no Universo
antes de o seu corpo nascer
e vai continuar existindo depois de
o corpo se extinguir,
pergunto:

Pense bem antes de responder:

Você é um ser humano
cujo corpo hospeda um Donum

ou você é um Donum
que se hospeda num ser humano?

DEUS

Eu já me convencera da existência das duas energias que o Mestre batizara de VEV e Donum.
Também me convencera de que elas são fenômenos que serão um dia estudados e medidos pelos cientistas e, portanto, aceitos sem precisarmos discutir Deus.
Chegáramos àquelas conclusões por pura lógica, a partir da lei de ***causa-efeito*** e da teoria da ***evolução***.

Estávamos prontos para debater a existência de Deus, e eu decidi recomeçar a conversa fazendo cinco perguntas:

Primeira: - Houve um agente criador do Universo?
Hoje se acredita que o Universo
era uma bola de matéria-energia
que explodiu há 15 bilhões de anos,
num momento batizado pela ciência
de *big-bang* – grande explosão em inglês.
As estrelas criadas pela explosão,
uma delas sendo o Sol,
vêm se afastando, em alta velocidade,
do ponto de explosão,
como os estilhaços de uma granada.
A bola e o *big-bang* aconteceram
por ação de um ente superior, Deus?

Segunda: - O ato de criação foi inteligente ou acidental?

Terceira: - Se houve um agente criador – Deus –,
podemos conhecer a sua forma e substância?

Quarta: - Deus intervém dentro do Universo?
Pode se comunicar com uma pessoa?

Quinta: - Se foi um ato inteligente de criação,
então tem uma finalidade.
Podemos conhecê-la?

O Mestre pediu que eu guardasse as cinco perguntas e reiniciou suas ponderações por um caminho diferente:

Quando você compra um baralho novo,
as cartas estão organizadas:
as quatro damas juntas, os reis juntos,
e assim por diante.
As cartas estão bem ordenadas dentro do baralho.
Quanto mais você embaralha,
menos fica sabendo a ordem das cartas.
As quatro damas, por exemplo,
ficam misturadas lá no meio do baralho.
Mas onde exatamente?

Pode acontecer que por sorte, de tanto embaralhar,
as cartas voltem à posição original,
mas isso é quase impossível
porque ***a natureza tende a dispersar as coisas***.

Essa tendência à dispersão parece uma fantasia,
mas é indiscutível!
Os físicos demonstram pela matemática
que existe na natureza uma tendência
inexorável
conhecida como ***entropia***,
responsável por essa dispersão.

Popularmente, diz-se que ela faz o Universo
marchar da ordem para a desordem.

Nenhum cientista questiona
a ***lei da conservação da energia,***
enunciada por Julius Von Mayer
e baseada nos estudos
de Laplace, Lavoisier e Thompson, pela qual
a energia total do Universo é sempre igual,
não cresce nem diminui.

O tipo de energia pode mudar
– de energia elétrica para calor, por exemplo –
mas a soma total jamais muda.

Igualmente nenhum cientista questiona
a ***lei da entropia***,
enunciada por Rudolf Clausius,
baseado nos trabalhos de Sadi Carnot, pela qual
a entropia do Universo tende sempre a crescer.

O que é entropia?
Ludwig Boltzmann mostrou que
a entropia mede o grau de desordem.

Já que no Universo a entropia sempre cresce,
então no Universo a desordem sempre cresce.

Segundo a ciência,
o Universo marcha inexoravelmente para o caos!
Por isso é quase impossível
que as cartas embaralhadas voltem à posição inicial.

O Mestre prosseguiu:

No meu entender,
a força entrópica não faz exatamente
o Universo marchar para a desordem,
mas, sim, para um novo tipo de ordem.

Repare que quando você embaralha as cartas,
as quatro damas não desaparecem,
apenas se posicionam numa nova ordem.
O que você perde é a informação
sobre onde elas estão.
Misteriosamente, sem que a ciência saiba o porquê,
ao fim de qualquer acontecimento da natureza
– quando um motor funciona, um foguete sobe
ou quando você liga a máquina de lavar –,
parte da energia-informação vai ficando mais pobre.

O Universo, no meu entender,
marcha para uma ordem mais difícil de ser entendida.
Por isso, eu cunhei duas palavras novas:

INFO-RIQUEZA:
é quando sabemos mais sobre o estado da natureza.

INFO-POBREZA:
é quando sabemos menos sobre o estado da natureza.

Podemos, então, dizer
que o baralho vai ficando info-pobre.

A energia do Universo evolui inexoravelmente, pela lei da entropia, da info-riqueza para a info-pobreza total.

Impressionante, não?

Eu ainda não percebia onde ele queria chegar:

Mestre, se o Universo nunca perde energia,
como pode ganhar entropia?

Ele respondeu:

O Universo, repito, não perde energia
porque obedece à ***lei da conservação da energia***;
mas as várias formas de energia
podem mudar umas nas outras.

A energia do sol é absorvida pelas árvores.
Quando árvores se transformam em carvão,
a energia do sol ainda está guardada lá dentro.
Quando se queima o carvão,
a energia represada vira energia térmica.
Usada na máquina a vapor,
a térmica vira energia mecânica,
que, por sua vez, movimenta uma turbina.
Quando a turbina aciona um dínamo,
a energia mecânica muda para energia elétrica.
A energia elétrica, através de um fio,
chega às lâmpadas, onde é, de novo,
transformada em energia luminosa e calor.
Portanto, foi a energia da luz do sol que,
indiretamente, acendeu as lâmpadas.

Só que, em cada uma dessas transformações,
parte da energia não é aproveitada,
espalha-se pelo espaço. Fica inútil, não localizável.
A energia do Universo está sempre toda por aí,
nada se perde, mas, pouco a pouco,
pela ***lei da entropia***, vai ficando escondida,
isto é, sem informação que permita a sua reutilização.

> A entropia não é uma coisa como a energia,
> e sim uma medida como a temperatura.
> Mede a transformação progressiva da energia
> de info-rica para info-pobre.

Você entendeu o que vai, inexoravelmente, suceder?
Em bilhões ou trilhões de anos,
a energia do Universo chegará à info-pobreza total.
Imagine o Universo imóvel,
as estrelas apagadas e frias
ou pulverizadas energeticamente por explosões,
sem qualquer troca de energia em ponto algum.

Para onde foi toda essa energia
visível, como as explosões e radiação do sol,
e invisível, como as vibrações eletromagnéticas?
A resposta é simples: – continua dentro do Universo,
mas numa forma desconhecida e inútil, info-pobre.
O Universo poderá até continuar a existir,
mas, em termos de energia-informação, estará morto!

O Mestre continuou perguntando,
e ele mesmo respondendo:

Você sabe por que eu fiz questão de mostrar que
todos os fenômenos físicos e químicos no Universo
obedecem a essa inexorável
lei da entropia,
que obriga as energias
a se transformarem na direção da info-pobreza?

Para chamar a atenção para um fato notável:
Os seres vivos não seguem essa lei!

O DNA nas células do nosso corpo
é um centro completo de informação,
algo como um computador sofisticado.

Quando o feto é gerado, todas as suas células
são idênticas, chamadas células-tronco.
Pouco a pouco, umas ficarão no pulmão,
outras no fígado, outras nos músculos,
e assim por diante,
trabalhando de modo especializado no organismo.
O DNA manda as células-tronco se especializarem.

> O DNA controla até as tendências do nosso
> organismo, se somos propensos
> ao câncer ou à osteoporose na velhice.

O DNA é tão poderoso,
tem tal domínio da informação sobre a nossa vida,
que podemos afirmar que possuímos info-riqueza.
Portanto,

**Os seres vivos,
diferentemente das coisas inanimadas,
como a água e os minerais,
não obedecem à lei universal da entropia!**

Ele prosseguiu:

Se todas as atividades no Universo
se processam sempre em direção à info-pobreza,
então como foi possível
nascermos de moléculas simples que evoluíram,
evoluíram sem se desorganizar,
muito pelo contrário, estruturando-se cada vez mais
através de milhões de anos por mutações sucessivas,
passando pelos estágios
de organismos simples, peixes, répteis,
até chegar a esse nível de info-riqueza fantástico
que é o DNA do ser humano?

A magnitude dos seres vivos,
– plantas, animais e seres humanos –
contradiz a lei da info-pobreza universal,
e só pode ser explicada por outra lei da natureza.

Que lei é essa que os cientistas
ainda não formularam?

Eu procurei recapitular o que sabia sobre a evolução:

A teoria da evolução de Darwin diz
que há mutações genéticas acidentais,
como a da borboleta negra
que nasce entre as brancas,
por um acidente da natureza – uma coincidência.
Também diz que sempre sobrevive o ser mais apto:
a borboleta negra se esconde melhor dos predadores
dentro da fuligem das fábricas e sobrevive,
enquanto a branca, por ser visível, é exterminada.
A teoria da evolução diz, portanto,
que através de milhares de mutações genéticas,
isto é, no fundo, através de milhares de coincidências,
um organismo simples, unicelular,
deu origem aos peixes, répteis, animais e humanos.

O Mestre concordou:

Milhares de coincidências
e todas aumentando a info-riqueza dos seres vivos,
na direção contrária da ***lei da entropia*** –
lei fundamental da natureza,
que obriga tudo a evoluir em direção à info-pobreza?
Não faz sentido!

E o Mestre concluiu o seu pensamento:

Não me entenda mal,
eu acredito na teoria da evolução de Darwin
e também na sobrevivência do mais apto.

Mas a única explicação lógica
para que a evolução funcione
é a de que, junto com a **lei entrópica**
de info-pobreza,
pela qual o Universo vai da ordem para a desordem,
existe uma "lei de ordenação" que é antientrópica
e pela qual os seres vivos
– e somente os seres vivos –
marcham na direção contrária,
isto é, da desordem para a ordem,
isto é, para uma ordem cada vez mais complexa!
E isso é maravilhoso!

Eu estava fascinado:

Primeiro, você alerta
que o mundo marcha para a info-pobreza,
e que isso é provado matematicamente, indiscutível.
Depois, mostra que a evolução dos seres vivos
segue o caminho oposto, em direção à info-riqueza,
ao obedecer a uma lei desconhecida de ordenação.
Será que o Donum tem algo a ver com essa lei?

Ele respondeu:

Não, ***a lei da ordenação*** se aplica
a todos os seres vivos
– plantas, animais e humanos –,
enquanto que o Donum se anexa só aos humanos.

Podemos, isto sim, dizer que
uma vez que o Donum possui
Sabedoria e Valores Morais, que são info-riquezas,
ele é uma energia sujeita à lei da ordenação
– antientrópica –
e, portanto, o Donum também evolui,
exatamente como todos os seres vivos!
Sendo assim,

O Donum também captura a VEV
e é um ser vivo!

O Mestre prosseguiu:

Não estou menosprezando a ***teoria da evolução***,
Ao contrário,
apenas digo que, do modo como tem sido formulada,
explica muito bem como acidentes e coincidências
produzem mutações,
que, por sua vez, adaptam os seres vivos
ao meio ambiente ou contra predadores.

Explica, por exemplo,
como um rato do campo sofre mutação
e passa a escapar do maior número de falcões.
Ë uma lei de sobrevivência.

Mas ela não explica a complexa evolução
que vem acontecendo no DNA das células vivas.

A ***lei da ordenação*** – que eu proponho existir – não contradiz a evolução,
já que as mutações continuam a ser necessárias,
bem como a sobrevivência do mais apto.

Pela lei da ordenação, os seres vivos
– plantas, animais, humanos e Donum –
capturam algum tipo de energia
antientrópica do Universo
que lhes permite evoluir continuamente,
de modo a aumentar a sua complexidade
em direção à info-riqueza absoluta.

O mesmo grupo de cientistas que, em 2005,
mostrou que uma variante do gene ASPM
que regula o tamanho do cérebro
apareceu nos seres humanos há 6 mil anos,
também demonstrou que o cérebro continua a evoluir.

A lei da ordenação
não se opõe à teoria da evolução;
é adicional à mesma,
mas não foi percebida por Darwin
e seus seguidores!

Ponderei:

Muito bem. Entendi claramente o seu ponto.
Todos os seres vivos evoluem,
pela ***teoria da evolução*** usando mutações.
Mas, pela ***lei da entropia***,
deveriam evoluir na direção da info-pobreza,
como o resto do Universo.
Porém, os seres vivos evoluem para a info-riqueza!
A ***lei da ordenação*** diz que isso acontece porque
os seres vivos captam alguma energia antientrópica.

Ora, se a energia do Universo é constante,
não cresce nem diminui nunca,
de onde vem essa energia antientrópica?

Mestre, permito-me concluir
que, se a energia comum a todos os seres vivos
é a VEV – Vibração Energética da Vida –,
então o provedor da info-riqueza
também deve ser a VEV!

A VEV – Vibração Energética Vital –
dá aos seres vivos, além da vida,
a energia para vencer a entropia,
para aumentar a nossa complexidade.

O Mestre se mostrou satisfeito:

O ganhador do prêmio Nobel Erwin Schrödinger
disse que um sistema não-vivo
isolado ou colocado num ambiente uniforme
caminha para a parada total,
devido à equalização de potenciais físico-químicos,
uniformização do calor e outros eventos naturais.
Tudo termina se imobilizando completamente.

O metabolismo dentro dos seres vivos,
como todos os eventos da natureza,
também aumenta a entropia
e, portanto, deveria também levar os seres vivos
para a parada total. E isso não é o que acontece.

Ele concluiu que o único jeito de um ser vivo
se manter vivo
é reduzir a entropia criada pelo metabolismo.
Isso somente pode ser feito pela captação
de uma energia que venha de fora do corpo
e que contenha muita ordem, uma entropia negativa.

A energia que chamei de VEV
e que traz a vida do espaço até as células,
por lógica, também lhes traz
a força antientrópica!

Perguntei:

Mas a existência da lei de ordenação vai nos conduzir
ao estabelecimento da existência de Deus
e às respostas às minhas cinco perguntas?

O Mestre respondeu:

A ciência diz que o Universo começou,
provavelmente,
por uma enorme bola de matéria-energia
que explodiu como uma granada.
Os pedaços, ainda hoje se afastando do *big-bang*
– que significa grande explosão em inglês –,
constituem as estrelas, cometas, planetas
e tudo o mais no espaço universal.

A sua primeira pergunta foi:
A bola e a explosão foram espontâneas – acidentais –
ou houve um agente causador?
A resposta lógica é simples:

**Em um Universo entrópico como o nosso,
em que tudo é impelido para a desordem,
a força ordenadora nos seres vivos
não pode ser acidental!**

Para construir uma casa,
isto é, fazer algo complexo, ordenado,
é preciso sabedoria – mais do que inteligência.
Para destruir a casa, isto é, fazer uma desordem,
basta força e disposição,
embora também se possa destruí-la com sabedoria.

A ***lei de entropia***
é como um empurrão na direção do abismo,
como uma bola descendo uma rampa,
e veio de um ato sábio como eu vou demonstrar.
Mas, pela lógica, poderia vir de um ato acidental.

Já ***a lei da ordenação,***
que rege os seres vivos,
é como um programa de computador
sofisticado e inteligente,
igual à construção cuidadosa de um edifício
e traduz a criação intencional de uma info-riqueza.
Tem de vir de um criador!

Isso também responde à sua segunda pergunta:

**Por lógica, devido à lei da ordenação,
o criador do Universo existe
e o seu ato de criação foi inteligente
e intencional!**

Perguntei:

Não bastaria você ter justificado a existência de Deus usando logo o princípio de causa-efeito, como fez com a VEV?
Se o Universo existe é porque tem um causador!
Por que fazer toda essa análise sobre as leis da ***entropia*** e ***ordenação?***

O Mestre respondeu:

Não se pode aplicar a lei de causa-efeito a Deus, que está fora do Universo.

Teríamos de dizer
que Deus também teve um criador, um "pai",
que, por sua vez, teria o seu "pai"
e assim por diante até o infinito.

A lei de causa-efeito se aplica ao contexto
matéria-energia-informação-tempo
do nosso Universo.
Não me atrevo a propor que exista um meta-universo,
isto é, um universo além do nosso
habitado por Deus,
e muito menos que lá se aplique a lei de causa-efeito.

O cientista Albert Einstein,
que desenvolveu a teoria da relatividade, disse:

> Imagine uma caixa boiando no espaço sideral.
> Você está dentro daquela caixa, sem janelas,
> e não vê nada lá fora.
> Como não existe gravidade,
> você está flutuando dentro da caixa.
>
> Súbito, você cai atraído para o chão da caixa.
> O que aconteceu?
> Você não sabe.
> A caixa pode ter sido atraída pela gravidade
> de um astro que passava,
> ou ter sido puxada para cima por um foguete.
>
> Em qualquer dessas duas hipóteses,
> você deixaria de flutuar e cairia,
> como de fato aconteceu.
>
> Você jamais saberá a causa da sua queda
> porque o causador está fora da caixa
> onde está preso.

Assim, você tem a resposta para a terceira pergunta:

O ser humano jamais poderá conhecer a forma, substância ou como surgiu Deus

porque ele está fora do Universo,
que é a caixa onde nós todos estamos presos.
Tudo leva a crer que ele não é composto
de matéria-energia-informação-tempo
como o Universo,
não estando sujeito às mesmas leis entrópicas
como a lei de causa-efeito,
já que cria info-riquezas não sujeitas a essas leis.

Usei os termos "inteligente" e "sábio"
para explicar o ato de criação do Universo
apenas porque essas palavras fazem parte
da nossa linguagem e ajudam a nossa compreensão.

> Porém, essas palavras são muito rudimentares
> para explicar a qualidade de uma entidade
> capaz de criar o gigantesco Universo,
> o infinitesimal mundo atômico
> e as leis que governam a interação
> entre todos os componentes.

A verdade está além da nossa compreensão,
como demonstrou Einstein,
porque se situa fora do nosso Universo.

Perguntei:

Mas se mandarmos um foguete até o fim do Universo
sairemos dele e, portanto, conheceremos Deus?

O Mestre negou:

Não. Segundo a teoria da relatividade de Einstein,
o espaço do Universo é curvo
como se estivéssemos dentro de uma esfera.
Só que um foguete
que tentasse atingir os limites do Universo
não bateria na borda como numa casca de laranja;
o foguete faria uma curva
embora o piloto achasse estar em linha reta.

Isso é igual ao navegante no oceano
que pensa que navega num mar achatado,
sem perceber que vai seguindo a curvatura da Terra.

Por isso,
jamais conseguiremos ver o lado de fora do Universo;
ficaremos dando voltas no espaço universal.

A ciência diz mais:
diz que essa esfera enorme, feita de espaço,
continua crescendo.
Já que os astros se afastam do lugar do *big-bang*,
como se fossem estilhaços de uma granada,
eles vão forçando
a esfera – o Universo – a se ampliar.

O que há fora dessa esfera?
Segundo os cientistas, nada! Nem espaço!
Absolutamente nada!

Complicado?
Não importa. Nós já sabemos, por lógica,
devido à lei de ordenação antientrópica,
que do lado de fora existe o criador do Universo,
uma força inteligente
que batizamos com o nome de Deus!

Eu me lembrei de uma segunda hipótese científica:

Muitos cientistas acreditam
que o Universo já existia antes do *big-bang*.
Ele era gigantesco e foi se condensando,
diminuindo de tamanho,
até virar uma pequena esfera
cheia de massa-energia.
Essa esfera, então, explodiu.
Foi o momento do *big-bang*.

Agora o Universo está se espalhando
como pedaços de uma granada.
Quando, um dia, atingir a sua expansão máxima,
ele voltará a condensar-se
até ficar de novo no tamanho da pequena esfera.
Então, explodirá outra vez.

Assim, o Universo está eternamente repetindo
um ciclo de condensar - explodir – expandir.
E já que sempre existiu, o Universo não teve criador!

O Mestre rejeitou essa conclusão:

Imagine um círculo pintado no chão.
O círculo é uma linha sem começo nem fim,
e, portanto, representa muito bem
a situação que você descreveu:
uma coisa que aparentemente
não tem começo nem fim, se auto-regenera.

Ora, como foi que o círculo apareceu ali no chão?
Ou alguém começou a pintá-lo
a partir de um ponto qualquer,
ou ele apareceu, de repente, inteirinho.

Em ambos os casos, apareceu onde nada existia!
E desde que o círculo
mostre ser o resultado de um ato intencional,
exatamente como é o caso do nosso Universo,
então foi forçosamente gerado por um criador!

O Mestre respondera a três das minhas cinco perguntas.
Reavivei a quarta:

Deus intervém no Universo?
Ele pode dar atenção a cada ser humano individualmente?

O Mestre respondeu:

Por lógica, se Deus tem o poder de criar, tem o poder de intervir.

Posso dar um exemplo prático:
Quando você acessa pela Internet um banco,
o tempo que leva para digitar o seu nome e a senha
é medido em muitos segundos.
Enquanto isso, o computador
faz bilhões de operações num único segundo.
Embora ele capture letra por letra o que você digita,
a velocidade lhe permite
atender a milhões de clientes no mesmo segundo.

E os computadores ainda estão na infância,
no primeiro século de sua existência.
Imagine daqui a mil anos...

Portanto, um ser infinitamente info-rico como Deus
e que, no mínimo,
equivale a um número infinito de computadores,
pode interagir, ao mesmo tempo,
com cada Donum existente no Universo.

Mas cuidado quando explico o poder de Deus
usando os computadores como exemplo.
Computadores não têm vontade própria;
são programados.
Deus não é um supercomputador!
Um supercomputador, este sim,
é uma pobre imitação do poder de Deus.

Eu perguntei:

Se a lógica científica nos leva à VEV, Donum e Deus,
por que os cientistas a rejeitam?

O Mestre elucidou:

Muitos cientistas acreditam em Deus.
O biólogo Francis Collins, um dos responsáveis
pelo mapeamento do DNA humano,
é um dos que acreditam em Deus,
mas diz que a ciência e Deus não se misturam;
só podem ser entendidos por análises distintas.

Collins, apesar de brilhante, não percebeu
que a lógica científica adequadamente usada,
como eu a uso neste momento,
justamente prova a existência de Deus!

Não existe isso de análises distintas;
mais dia, menos dia, os cientistas
equacionarão em fórmulas matemáticas
a VEV, o Donum
e todas as leis de Deus no Universo.
Só não equacionarão Deus
porque ele está fora do Universo.

Os cientistas formulam as leis como a da entropia,
mas a natureza não tem leis expressas,
apenas simplesmente existe.
E existe de um modo muito mais complexo
do que conseguimos compreender.

O mapa da Europa é apenas o modo
com que procuramos entender a Europa, só isso.
O mapa não é a verdadeira Europa!
As leis dos cientistas são mapas
que eles criam para tentar entender a natureza;
nunca são a natureza em si!

Ano após ano, aperfeiçoamos os conhecimentos:
um dia achamos que as nozes fazem mal
porque aumentam o colesterol;
anos depois descobrimos um tipo de colesterol bom
que melhora graças às nozes.
Então, o homem muda o mapa
do seu entendimento do colesterol.

Um dia achamos que o Universo é cheio de éter;
depois, que o espaço não contém nada.
Os mapas não param de mudar.
Por isso os cientistas não têm o direito de negar
a existência da VEV, do Donum e de Deus.
Apenas podem dizer que ainda não os enxergam
matematicamente,
isto é, com os seus mapas atuais.

A Mecânica Quântica estuda
as partículas e os processos subatômicos
milhões de vezes menores do que um alfinete
e responde por fantásticas evoluções na tecnologia.
Podemos hoje rearranjar partículas
e criar novos materiais que não existem na natureza.
Logo teremos robôs menores do que uma célula
para atacar as doenças.
Teremos componentes eletrônicos
do tamanho de átomos
embutidos nas pessoas e conectados a satélites
no espaço para melhorar a saúde e a segurança.

Mas as mesmas equações matemáticas
que permitem realizar esses trabalhos
tumultuam os cientistas com conclusões absurdas.

Um átomo, por exemplo, pode estar ao mesmo tempo
à direita e à esquerda dentro de uma caixa,
desde que não o estejamos olhando.
Porém, no momento exato
em que abrimos a caixa e olhamos,
o átomo instantaneamente "escolhe"
e fica apenas numa dessas duas posições.
Á primeira vista, isso nos parece um grande absurdo!

Se jamais vemos
essa dualidade de posicionamento do átomo,
como sabemos que ela existe? A resposta é simples:
as atuais equações da Mecânica Quântica
que explicam uma série de fenômenos microscópicos
indicam que essa dualidade do átomo existe.
E se essas equações funcionam para outras coisas...
então elas estão certas!

Os cientistas argumentam assim:
"E daí que esbarramos em realidades absurdas
do mundo físico, como a dualidade do átomo? E daí?
Estamos dispostos a aceitar todos os absurdos,
desde que demonstrados por equações
que explicam e predizem fenômenos observados!"
Esses são os mapas com que hoje vemos a natureza.
Amanhã, seguramente teremos outros mapas.

Sendo assim, fica evidente que os cientistas
não podem mais considerar inaceitáveis
as hipóteses de existência
da VEV, do Donum e de Deus.
Só que, para eles as equações precisam primeiro
indicar essa existência!

Pois, no meu entender, gerar tais novas equações
é uma questão de tempo.
A VEV e o Donum, por exemplo, são conceitos
menos absurdos do que a dualidade do átomo,
por nascerem dos princípios básicos da natureza!

Eu comentei:

Um dia imaginei o Universo
como sendo uma grande piscina.
Uma formiga no seu interior jamais entenderia
de onde aquele volume enorme de água aparecera.
Estaria sempre fora do seu entendimento.
Nós somos formigas num Universo
além da nossa compreensão.

O Mestre não concordou com aquela imagem:

A formiga não dispõe de um Donum.
O ser humano explora e inventa equipamentos,
como o telescópio,
para examinar as fronteiras da piscina,
analisa quimicamente a água e o ar da superfície,
desenvolve aparatos para nadar e mergulhar,
formula teorias e leis que explicam
por que a água sai e reentra na piscina,
e descobre até mecanismos para sair da sua prisão.

E o Universo não tem nada a ver com uma piscina.
Ele é diferente porque é fechado como uma esfera,
E justamente porque ficamos no seu interior, presos,
compreendemos que Deus, o agente causador,
está do lado de fora e jamais poderá ser visto
ou equacionado por qualquer ser humano.

O que podemos, isto sim,
após aceitarmos a existência da VEV, do Donum,
e principalmente de Deus,
é tentar, por lógica, responder à sua quinta pergunta,
ou seja, tentar entender a finalidade do Universo.

O SEGREDO DO UNIVERSO

Fiquei mergulhado nos meus pensamentos:

No início dos tempos, há 15 bilhões de anos,
o Universo era uma pequena esfera que explodiu
em sextiliões de pedaços, que são as estrelas,
hoje separados por sextiliões de quilômetros.
Um sextilião é o algarismo 1 seguido por 21 zeros,
um número de difícil compreensão, de tão grande.

Próxima Centauri, a estrela mais próxima do
Sol, está a cerca de 40 trilhões de quilômetros.
Um avião na velocidade de um Boeing levaria
8 milhões de anos para chegar a Centauri.
Mesmo um moderno e rápido foguete
levaria milhares de anos.

O tamanho do Universo aumenta
à medida que as estrelas se afastam
umas das outras,
como estilhaços de uma granada.
Do lado de fora, segundo a ciência, não existe nada.
Assim, o Universo, ao expandir, vai ocupando o nada!

Porém, esse é um conceito errado,
conforme demonstrado pelo Mestre,
baseando-se na ***lei de ordenação***.
O Universo foi criado por uma força inteligente que
existe do lado de fora e a que chamamos de Deus.

O Universo é regido por leis, tais como:

a lei da conservação da energia,
pela qual a quantidade de energia total é imutável.
Nenhuma energia sai ou entra no Universo,
nem some, embora possa mudar de forma e vibração;

a lei da causa-efeito,
pela qual o que acontece a cada instante
deriva de um ou mais acontecimentos do passado;

a lei da probabilidade,
pela qual uma única causa
pode gerar diferentes efeitos;

e a lei da entropia,
pela qual toda a energia existente no Universo
tende a evoluir da ordem para a desordem.
E já que a quantidade de energia é imutável,
o Universo está condenado ao caos energético,
batizado pelo Mestre de info-pobreza absoluta.

Essas e outras leis,
como as que controlam
o movimento atômico e dos astros,
visam claramente fazer o Universo
acontecer dia-a-dia sozinho,
sem a interferência divina.

A ***lei da causa-efeito*** nos levou a concluir que
o espaço universal
contém uma energia chamada VEV,
a qual, como uma grande nuvem vibratória invisível,
produz o fenômeno da vida nas plantas e animais.

A mesma VEV também age no DNA dos seres vivos,
segundo ***a lei de ordenação***,
fazendo-os sempre evoluir na direção da info-riqueza,
isto é, na direção de aumentar a sua complexidade.
Isso representa a direção oposta à da natureza,
que, pela entropia, marcha para a info-pobreza!

Após a morte de um ser vivo,
a sua VEV volta a se dispersar no espaço universal,
misturando-se à grande nuvem vibratória.

Como a energia total do Universo é constante,
a VEV já estava contida
dentro da esfera que explodiu no *big-bang*.

O aparecimento há 6 mil anos, pela ***lei da evolução,***
de um novo gene cerebral
em um seleto grupo de animais
levou-nos a concluir que, a partir daquela data,
esses animais e seus descendentes,
que se autobatizaram de seres humanos,
passaram a anexar partículas
existentes no Universo denominadas **Donum,**
que igualmente absorvem a VEV
e que, logo, são vivas e evoluem para a info-riqueza.

Os Donum, que possuem os dons
do **Livre-Arbítrio, Sabedoria e Valores Morais,**
fazem com que os seres humanos
sejam qualitativamente distintos dos animais.

Sendo um ser vivo, o Donum não se dispersa
após a morte do ser humano ao qual se anexou;
mantém a sua individualidade
e continua a evoluir em outro lugar.

Como a energia total do Universo é constante,
os Donum também já estavam contidos
dentro da esfera que explodiu no *big-bang.*

Como os Donum evoluem em info-riqueza,
e são partículas independentes,
podemos concluir que todos os Donum no Universo
possuem gradações diferentes de info-riqueza,
cada um com o seu nível particular de evolução.

Ou cada Donum começa info-pobre,
com o menor grau possível de aprimoramento,
e vai aperfeiçoando ao longo do tempo
a sua Sabedoria
Livre-Arbítrio e Valores Morais;

ou começa info-rico,
mas coberto por uma capa material espessa
que bloqueia a liberação da sua energia pura.
Pouco a pouco, à medida que o Donum evolui,
a sua capa material fica mais rarefeita,
permitindo a passagem da info-riqueza pessoal
em doses cada vez maiores.

Cada ser humano
se diferencia dos outros humanos por duas razões:

em primeiro lugar,
o seu Donum vem com um nível próprio
de Saber, Valores Morais e Livre-Arbítrio;

em segundo lugar,
o seu cérebro modifica
a manifestação do Donum,
podendo até bloqueá-la inteiramente.

Muitas doutrinas reconhecem a existência do Donum.
Os cristãos o chamam de alma,
os kardecistas, de espírito,
os judeus o consideram composto de várias partes.
Cada doutrina vê o Donum de um modo distinto,
embora todas creiam ser ele eterno
e estar presente em cada pessoa enquanto ela vive.

A crença na alma é um exercício de fé,
enquanto que a crença no Donum
é um exercício de lógica.
Será coincidência que a fé e a lógica
caminhem na mesma direção?

Após divagar, voltei à minha quinta pergunta:

Se o Universo foi uma criação inteligente
e toda criação inteligente tem uma finalidade,
podemos concluir, por lógica,
a finalidade – o maior segredo – do Universo?

O Mestre respondeu:

O Universo marcha para a info-pobreza total,
uma espécie de morte.
É como se ele fosse um edifício magnífico,
capaz de funcionar sozinho graças às suas leis,
mas se autodestruindo aos poucos.
Não é horrível?
Dito assim, o Universo
parece uma brincadeira sem finalidade.

Entretanto, o Universo
contém um número desconhecido de Donum,
talvez sextiliões como as estrelas, talvez menos,
com um extraordinário poder
de construir ou destruir info-riquezas.

Os Donum, ao menos os que conhecemos
anexados aos humanos na Terra,
alteram o DNA das plantas, animais e humanos,
constroem aviões, computadores e satélites artificiais,
mexem com energias como as do laser e átomos,
e ajudam outros Donum nos seus problemas.
Mas também destroem, guerreiam,
fazem mal à natureza e aos outros humanos.

Os Donum são os únicos entes universais com um pouco do poder de Deus.

Mas como são dotados de Livre-Arbítrio,
podem usá-lo para fazer o bem ou o mal.
Isso nos leva a concluir
que a finalidade do Universo
está fortemente ligada à existência dos Donum
e à dos humanos aos quais eles se anexam.

Por isso, sem dúvida, os Donum são os entes mais importantes do Universo!

Perguntei:

E o que Deus espera que Os Donum façam
com o poder que lhes é conferido?

O Mestre respondeu:

Por lógica, podemos concluir que
Deus espera que os Donum usem esse poder
e invertam a direção fatal do Universo.
Os Donum não podem alterar as leis físicas
como a gravidade, causa-efeito e entropia.
Mas podem contrabalançar essas leis;
um foguete contrabalança a lei da gravidade.

Sempre que curamos doenças, escrevemos livros,
desenhamos o mapa de um país,
construímos um carro
ou alteramos a rota de um cometa,
estamos rearranjando a energia existente.
Um pouco da energia rearranjada
vira info-pobre devido à entropia,
mas, no todo, a info-riqueza do Universo aumenta,
contrabalançando a marcha para a info-pobreza.

Devido à capacidade dos Donum
de evoluir a sua própria info-riqueza
por seu próprio esforço,
eles podem cada vez mais competentemente
enriquecer o Universo.
Mas se ao construir uma bomba-atômica
o Donum está sem dúvida aumentando a info-riqueza,
ao explodi-la acelera a marcha para a info-pobreza.

Perguntei:

Se Deus dá tanta importância aos Donum,
então por que permite que um terremoto
mate milhares de pessoas?

O Mestre respondeu:

Eu já disse que as leis físicas são feitas
para que o Universo funcione sozinho,
sem intervenção divina, na direção da info-pobreza.
As leis atuam sem cessar,
produzindo movimentos da crosta terrestre
que geram terremotos e outras tragédias
e que atingem grande número de pessoas.
O homem já constrói info-riquezas
que nos avisam antecipadamente
de algumas catástrofes.
Poderá um dia até neutralizá-las, antes que sucedam.

Mas é preciso lembrar que, embora um corpo morra,
qualquer que seja a razão,
o Donum sobrevive.

Isso não significa que o corpo físico não tenha valor.
Um Donum integrado a um ser humano
vive uma experiência de valor inestimável,
pela qual pode se aperfeiçoar,
espalhar felicidades aos outros
e gerar info-riquezas no Universo.

Ligado ao corpo humano, o Donum aprende
a conter compulsões impostas pelo cérebro;
a gerenciar conflitos e necessidades
que nascem da matéria
tais como desejos carnais e de propriedade;
a enfrentar ódios, lutas de classe,
a necessidade de dinheiro
e a experimentar várias formas de amor.
A anexação ao ser humano
oferece ao Donum diversas lições
para enriquecer a Sabedoria e os Valores Morais,
e um desafio para o uso do Livre-Arbítrio.

A combinação dos dois
– ser humano e Donum –
é fundamental para atingir a finalidade
divina de criar info-riquezas no Universo.

Eu me apressei a enfatizar:

Então a lógica nos leva a concluir como você, Mestre:
os Donum são
os entes mais importantes do Universo!

**Os Donum têm o Universo ao seu dispor
como um campo de trabalho
onde podem fazer o bem ou o mal,
construir ou destruir info-riquezas
ao seu capricho, pelo Livre-Arbítrio.**

Isso é fantástico!
Muda também a idéia de muitas doutrinas religiosas
que vêem o Universo e as almas
como construções independentes.
Não são obras independentes.

Deus fez o Universo para os Donum!

O Mestre respondeu:

Somos, por lógica, levados a essa conclusão:
o Universo é um campo de trabalho para os Donum.

Além disso,
se Deus deu aos Donum o Livre-Arbítrio,
não há de pretender, em princípio, retirá-lo.

Eu estou, porém, convencido de que Deus deseja
que os Donum criem felicidades e info-riquezas
em vez de destruí-las.
Portanto, Deus deve ter criado também
uma lei – uma espécie de mecanismo –
para fazer com que cada Donum ***queira***
ser bom e construtivo,
embora possa ser mau e destrutivo.

Esse mecanismo direcionador,
como eu vou demonstrar,
está ligado ao funcionamento do ***Livre-Arbítrio***
e também indica o caminho da felicidade
para cada ser humano.

O CAMINHO DA FELICIDADE

Perguntei:

Será que o Livre-Arbítrio existe mesmo,
ou o destino de cada pessoa está escrito?

O Mestre respondeu:

O Livre-Arbítrio nos ajuda a crescer em Sabedoria
e a escolher os Valores Morais – logo, ele existe!
E é tão importante
para entender o nosso papel no Universo,
que merece uma reflexão cuidadosa.

Primeiro, é preciso entender
a diferença entre Determinismo e Livre-Arbítrio.

Determinismo
é a doutrina pela qual cada evento ou decisão
é conseqüência inevitável do que aconteceu antes.

Não significa que o futuro já está escrito,
e sim que ele, a cada momento,
é escrito pelos acontecimentos do passado.

Segundo a doutrina determinista,
tudo, sem exceção – inclusive as nossas decisões –,
decorre de ocorrências anteriores.

Livre-Arbítrio
é a capacidade de decidir por vontade própria,
com influência, sem dúvida,
das experiências passadas,
mas sem a limitação imposta por essas experiências.

A ciência é basicamente determinista.
Tudo na natureza é efeito,
isto é, teve uma causa anterior:

Se o ferro enferruja,
é porque o oxigênio atuou sobre ele;
se chove, é porque havia nuvens.
Qualquer ato causa novos efeitos.
Uma bola colocada numa rampa
vai rolar para baixo, a menos que impedida.

Até os nossos pensamentos decorrem
de aprendizados, experiências e percepções.
Pela ciência,
a existência do Livre-Arbítrio é discutível
porque sempre terá havido uma ou mais
causas que nos induziram àquela decisão.

Nas últimas décadas, porém,
os físicos ficaram perplexos
com os fenômenos subatômicos,
em que não é possível determinar
o que vai acontecer a partir de certos eventos;
pode-se só prever o que é mais provável que suceda.

Isso porque o movimento das partículas
é afetado pela presença do observador
e também obedece à lei da probabilidade,
como se o efeito fosse decidido num jogo de dados.
Parece até que as partículas têm direito à escolha.

Não chamo isso de Livre-Arbítrio – e sim de sorte –,
mas serviu para sacudir a crença de muitos cientistas
sobre o determinismo como ele era entendido.
Hoje se acredita que, embora
todo efeito tenha de ter forçosamente uma causa,
ela pode estar inaccessível e jamais ser identificada.
Também a mesma causa pode gerar vários efeitos.

A ciência continua achando que o futuro
nasce de fatos do passado,
mas agora aceita que o futuro pode ser imprevisível
por ser dependente da probabilidade,
isto é, da "sorte".
Quanto ao livre-arbítrio humano,
a ciência ainda o vê com ceticismo.

Eu interrompi:

Mas, Mestre, eu decido se vou ao cinema ou não.
Isso prova o meu Livre-Arbítrio.

O Mestre respondeu:

Depende.
Decidir ficar em casa porque está chovendo,
talvez seja um ato de Livre-Arbítrio.
Por outro lado, um psicólogo pode observar
que você teve, no passado, experiências negativas
que o condicionaram a não gostar de chuva.
Assim, emocionalmente,
você não consegue tomar outra decisão.
E isso é determinismo.

Onde está a verdade?
O único jeito de responder a essa pergunta
é encontrar exemplos indiscutíveis de Livre-Arbítrio.

Seria possível encontrarmos uma decisão,
que, seguramente,
embora seja afetada por experiências
passadas,
não seja imposta por essas experiências?

Ponderei sobre o problema:

Acho, Mestre, que uma decisão corriqueira
como “vou parar de fumar”
talvez seja um ato de Livre-Arbítrio.
Mas sempre alguém mostrará que essa decisão
foi condicionada por um acontecimento passado.

Um médico pode achar que eu parei de fumar
ao ver alguém sofrer de câncer pulmonar.

O Mestre retrucou:

Concordo no exemplo de parar de fumar;
pode até ser um ato de Livre-Arbítrio,
mas não podemos garantir.
Mas será que não podemos achar exemplos
de decisões que resultaram de um Livre-Arbítrio?

Após refletir, sugeri:

Quando Einstein criou a Teoria da Relatividade,
algo jamais pensado por alguém,
não seria um desses momentos
totalmente livres de imposições do passado?
Ou quando Edison inventou a lâmpada elétrica
não repetindo os fracassos dos inventores anteriores?

O Mestre sorriu satisfeito:

Muito bem.
A criatividade pode ser manifestação do Livre-Arbítrio.
Não confundir com a criatividade dos macacos,
que pintam belíssimos quadros não-figurativos
sem saber exatamente o que estão fazendo.

O Livre-Arbítrio também aparece claramente
quando um assassino profissional,
sem cultura e orientação moral,
foi pago para matar um inimigo político,
e decide repentinamente abandonar o trabalho,
não porque seja difícil ou perigoso,
mas por não ser justo.
Também quando uma pessoa, por amor,
fere todas as suas crenças
e adota uma postura inesperada e absurda.

Em momentos como esses, em que o ser humano
dá uma guinada no caminho natural dos eventos,
quando a mente muda a realidade
e constrói algo novo que faz um novo sentido,
é indiscutível que acontece um ato de Livre-Arbítrio.
Mas parar de fumar também pode ser
um desses atos, embora
de mais difícil comprovação.

Eu disse:

Se existe um Livre-Arbítrio inteligente,
mesmo que não o identifiquemos claramente
nos atos humanos,
e também existe uma evolução inteligente
dos Valores Morais e da Sabedoria,

Isto é,
se existe um Donum em cada um de nós,
responsável por esses três poderes,

então o Donum é mesmo inteligente,
como você afirmou!

Ponderei:

Deus deu Livre-Arbítrio aos Donum,
isto é, a opção de construir ou destruir info-riquezas!

Porém o Universo, se deixado sozinho,
marcha para a autodestruição!
Para destruir,
Deus seguramente não precisa dos Donum.
Parece-me lógico, portanto,
que se Deus deu aos Donum
o poder de info-enriquecer a natureza,
então espera que eles usem esse poder!

Entretanto, pelo que definimos até agora,
os Donum são inteiramente livres
para construir ou destruir info-riquezas!
Nada os impede de optar por destruir.

O Mestre retrucou:

Devemos, portanto, explorar a possibilidade de existir
uma lei universal
que conduza os Donum a usarem o Livre-Arbítrio
na direção de info-enriquecer o Universo.

Vou recorrer à ciência como até agora,
baseando-me na ***lei da ação e reação***,
enunciada por Isaac Newton
e jamais contestada pelos cientistas.

O Mestre prosseguiu:

A lei universal da ação e reação costuma ser definida pela seguinte frase: "Toda ação produz uma reação igual e contrária".

Graças a essa lei, o empuxo de gases para trás empurra um foguete no sentido oposto, para a frente.
Se você, sentado num barquinho,
puxa uma corda presa ao cais adiante,
a força que você fez para trás
faz o barco deslizar na água para a frente.
Você poderia imaginar como essa lei
se aplica a um Donum?

Eu respondi:

Para aplicá-la aos Donum, eu diria que

Toda ação moral, boa ou má, produz uma reação igual e contrária.

Mas eu estaria usando um ponto de vista ético, enquanto que a ciência usa o ponto de vista físico-energético.

O Mestre replicou:

Sei que é difícil aceitar o que vou dizer,
mas o ser humano se resume a espaço, energias,
vibrações e partículas subatômicas em movimento.
A matéria concreta é apenas um estado da energia.

Somos muito mais espaço do que matéria.
Num átomo, o volume de espaço para o de matéria
é proporcional ao tamanho da Terra para uma pérola.
Então, por que ao sentar-se numa cadeira
os espaços – seu e da cadeira – não se misturam?

Os elétrons dentro dos seus átomos
são repelidos pelos elétrons da cadeira.
Essa repulsão lhe dá a sensação de solidez.
Quando o seu corpo pressiona a cadeira,
ela reage pressionando o seu corpo de volta.

Nós nos acostumamos a pensar
que a raiva é uma postura mental que descarrega
adrenalina e outros elementos no sangue.
Mas nos esquecemos
de que tudo são átomos em ação.

**Sabedoria, Livre-Arbítrio e Valores Morais
são também forças, energias e
informação, inclusive mensuráveis.**

A ciência ainda não conseguiu quantificá-las,
mas não significa que elas não sejam quantificáveis.

Questionei:

Se, devido à lei da ação-reação,
cada ato de um Donum
se reflete na sua própria experiência,
então isso corresponde
ao que quase todas as doutrinas religiosas advertem:
"Você será castigado ou beneficiado por suas ações."

O Mestre retrucou:

Esqueçamos a fé e concentremo-nos na lógica.
Toda reação igual e contrária se processa
instantaneamente,
como no caso do foguete.
Como as ações morais situam-se no Donum,
as reações também recaem sobre ele
diretamente e no mesmo instante.

**A lei da ação e reação é universal
e atua em qualquer ação ou evento.
Isso inclui as ações vibratórias
batizadas de morais!**

Qualquer ato que gere felicidade ou dor marca instantaneamente o Donum, como se fosse um carimbo subatômico. A marca passa a emitir vibrações que farão uma reação igual naquele Donum.

O que acontece, por reflexo, no corpo humano?
Devido à integração entre o corpo e o Donum,
a marca também se refletirá no corpo
na forma de uma provável perturbação
física ou mental,
ou na forma de maior equilíbrio e paz.

Não falo aqui em castigo ou punição,
ou em atos divinos.
Em termos práticos, trata-se de um fenômeno
vibratório do mundo material-energético.
uma pura conseqüência da lei da ação e reação,
e que será um dia entendida pelos médicos.

Confesso que eu estava aturdido:

O que você está descrevendo não é especulação?
Estamos em território espiritualista ou científico?

O Mestre respondeu:

Estamos rigorosamente no território lógico-científico,
embora ainda não estejamos suportados
pelas equações matemáticas
que os cientistas precisam para considerar ciência.

Todas as emoções que sentimos,
como raiva, desprezo, inveja, bem-estar ou alegria,
são manifestações orgânicas que irradiam vibrações
e que, portanto, produzem reações
no próprio corpo ou no Donum.

O nosso corpo é um conjunto de átomos organizados de uma forma peculiar e sujeitos à lei da ação e reação.

Já se disse que
Quando odiamos alguém, é como se bebêssemos veneno para envenenar o outro.
Devido ao inquestionável princípio de ação e reação, a reação imediata é de ódio contra nós mesmos, embora os reflexos no nosso corpo e mente possam aparecer muito depois.

Muitos doutrinadores esotéricos sempre disseram que pensar positivamente faz bem.
A medicina também já constatou a mesma verdade ao notar reações químicas que ajudam a saúde, embora ainda não entenda o mecanismo completo.
Eu não estou sendo espiritualista, e sim lógico, ao explicar que se trata de uma lei universal.

Eu ponderei:

Se a reação num Donum – como uma infecção –
pode aparecer muito tempo depois,
teremos de admitir a existência da ***reencarnação***?
Terá o Donum de se anexar anos depois
a outro corpo na Terra, para sofrer a reação tardia?

O Mestre respondeu:

Não necessariamente.
Considerando o tamanho do Universo
e o que analisamos sobre o Donum até agora,
há quatro lugares possíveis conceitualmente
para um Donum auto-evoluir e gerar info-riquezas:

ou se anexando na Terra,
onde usa um corpo humano;
ou se anexando a um ente em outro astro,
desde que tal ente tenha o DNA certo;
ou em seu próprio hábitat no espaço,
interagindo com outros Donum;
ou numa quarta alternativa,
nem imaginável por nós.

Sabemos que, anexado a um ser humano na Terra,
o Donum pode evoluir e produzir fantásticas
info-riquezas no Universo,
mas pode ser que isso também aconteça
nas outras três alternativas.
Por lógica,
cada Donum segue um desses quatro caminhos,
ou se alterna entre eles.

> A lei da ação-reação
> não implica a reencarnação,
> que pode ou não existir, por outras razões.

A reação a uma certa ação moral pertence ao Donum
e não ao corpo humano que o hospeda.
Produz imediatamente uma mácula ou benefício
naquele mesmo Donum.
Se for mácula, pode levar muito tempo para sarar
e se refletirá no Donum
onde quer que ele esteja ao longo do tempo,
inclusive num corpo ao qual esteja anexado.

Argumentei:

Mestre, os cientistas usam aparelhos sofisticados
para estudar transtornos mentais como a depressão,
e enxergam, nesses casos,
alterações nos neurotransmissores,
nas substâncias produzidas pelas células nervosas
ao se comunicarem entre si no cérebro.
Isso não prova que a doença está no cérebro físico?

Ele respondeu:

A depressão é um transtorno que está no cérebro,
mas também está no Donum!

Se a lei da ação-reação deixou úlceras de sofrimento
naquele Donum em qualquer data anterior,
as perturbações energéticas constantemente irradiadas
vão se refletir nos neurotransmissores do cérebro.

Talvez a pessoa tenha de produzir
ações geradoras de felicidade,
como construir info-riquezas para o bem-estar,
para assim acelerar a cura
e evitar maior impacto nos neurotransmissores.
Talvez haja outros métodos de cura,
mas a lei da ação e reação é taxativa:
qualquer ação gera reação igual!

O Mestre prosseguiu:

Pela lei da ação e reação,
quando um Donum produz sofrimento ou felicidade,
ele recebe uma reação vibratória de igual intensidade.

Pouco a pouco, graças ao dom da Sabedoria,
o Donum se apercebe da vantagem de gerar o bem
e, cada vez mais,
opta por gerar apenas info-riquezas físicas e morais.

Produzir felicidades,
para obter felicidades pela lei da ação-reação,
não representa uma forma de egoísmo,
e sim um aprendizado.

Também não representa reflexo condicionado
igual a quando treinamos cães
a reagirem a certos comandos.
Isso porque não se trata de um reflexo,
e sim de uma livre opção!
Apesar de, aos poucos,
compreender a vantagem de fazer o bem,
o Donum pode muito bem optar
por espalhar mazelas.

Eu ponderei:

Essa conclusão é surpreendente!
O Donum tem Livre-Arbítrio
mas, à medida que evolui,
tende a optar por fazer o bem e info-riquezas,
ao invés de fazer o mal!

**O Donum não é compelido a fazer o bem por uma lei divina.
Aprende, graças à crescente Sabedoria, o caminho da sua felicidade, ao evitar as ações que lhe produzem reações negativas!**

***Extraordinário método de Deus
para obter o resultado desejado,
sem cercear o Livre-Arbítrio do Donum!***

Por outro lado, significa que Deus aceita
magnanimamente
que um Donum marche na direção contrária!

Sendo assim, seria bom analisarmos
como os Donum vêm se comportando
ao longo do tempo.
Aprenderam, melhoraram o Universo?

O Mestre concordou:

Através da história, podemos observar
a evolução dos Donum e da humanidade.
Podemos verificar que, realmente,
embora a civilização ainda seja imperfeita,
está muito mais info-rica do que há 6 mil anos,
quando se iniciou.

Ninguém discorda que a Sabedoria cresceu.
Um número cada vez maior de pessoas estuda
e apreende novas ciências e a ecologia da natureza;
identifica energias do Universo,
como os Raios X e o laser;
trata, cada vez melhor, das doenças;
e constrói carros, televisão, celulares, satélites
e outros produtos.
Em suma, a Sabedoria – o dom de inovar, projetar e
crescer em conhecimento – vem crescendo
e, apesar das guerras e outras formas de destruição,
cada vez mais produz info-riquezas.

A mudança nos Valores Morais não é tão óbvia,
mas também vem acontecendo.

Resolvíamos todos os nossos conflitos pela luta;
hoje, apesar dos muitos conflitos,
estudamos como melhorar as relações humanas.

Achávamos que ter escravos era um direito divino;
hoje a escravidão da chibata está quase extinta,
embora ainda existam outras formas de escravidão.

Os homens se achavam superiores às mulheres;
a cada dia se obtém maior igualdade.

Entendíamos que caçar por prazer era normal;
hoje procuramos preservar as espécies animais.

Cada pessoa tentava sempre obter o melhor para si;
hoje existe doação e ajuda aos menos favorecidos.

A melhoria econômica era feita a qualquer custo;
hoje a visão ecológica tenta preservar a natureza.

**Valores Morais apoiados somente no amor
estão longe de impregnar a maioria
da humanidade.
Grande número de pessoas, porém, já é
precioso foco de info-riqueza moral.**

E o Mestre continuou analisando a evolução
dos Valores Morais:

Em 1883, o vulcão Krakatoa explodiu.
Uma ilha sumiu do mapa e ondas de trinta metros
varreram trechos de Java e Sumatra,
matando cerca de quarenta mil pessoas.
O comentário básico na imprensa mundial foi de que
"sumiram milhares de nativos".
Poucas pessoas se preocuparam
com a tragédia dos sobreviventes
vivendo com fome, sem teto e atacados por doenças.

Em 2004,
cinco horas depois de um terrível tsunami na Ásia,
o mundo se mobilizou para ajudar os sobreviventes.
Foram despachados para o local comida, dinheiro,
médicos, técnicos na busca de sobreviventes,
remédios
e outros suportes inimagináveis no passado.
É verdade que em 1883
as comunicações eram fracas,
mas, na verdade, houve menos interesse em ajudar
por parte daqueles que souberam da tragédia!

Embora ainda exista no mundo muita violência,
inveja, corrupção e outras formas de maldade
e exploração das pessoas,
os Valores Morais da humanidade evoluíram
século após século,
no sentido de se utilizar melhor a natureza
sem desrespeitá-la,
na ajuda para minorar a dor dos demais seres vivos
e no sentido de tentar evitar guerras e destruição.
Embora os Valores Morais
sejam em geral ditados pela sociedade,
observamos que tem havido
uma linha de evolução constante na direção
do amor pela humanidade e pela natureza.

Claro que ainda estamos muito longe
do amor incondicional,
mas essa é claramente a tendência
da ação dos Donum em longo prazo.

E o Mestre continuou o seu raciocínio sobre a humanidade:

Gerações de seres humanos, uma após a outra,
nascem e morrem.
Ninguém jamais sobreviveu
ao fenômeno da morte da matéria.
Cada indivíduo que nasce
recebe imediatamente um Donum que lhe traz
um potencial de Sabedoria, Valores Morais e
Livre-Arbítrio.

Cada indivíduo, ao morrer,
deixa um legado importante para a civilização.
As pessoas vêm e vão, mas o legado cresce.
Isso já é a indicação de um milagre impressionante.
Apesar de cada humano viver pouco tempo,
quase tudo o que a humanidade aprende não morre.
Não apenas o Saber é retido em documentos, livros,
e agora em computadores,
como é passado pelos professores aos alunos,
e pelos pais aos filhos.

Também os Valores Morais dirigidos
para a proteção da humanidade e da natureza
são transmitidos pela palavra falada e escrita
e policiados por um maior número de pessoas,
para que sejam cada vez mais respeitados.
Não existe a menor dúvida:
os Donum evoluem em info-riqueza pessoal
e também, ao longo dos anos,
optam, mercê do seu livre-arbítrio,
por construírem info-riquezas e o bem no Universo.

Não devemos subestimar
a importância dos seres humanos.
Integrados aos Donum,
temos papel preponderante
nesse crescimento da info-riqueza no Universo.

O Mestre prosseguiu:

Portanto,o papel do Donum no Universo
pode ser expresso como se segue:

**Cada Donum deve aumentar
a sua info-riqueza pessoal
em Sabedoria e Valores Morais,
não apenas pela ação natural da VEV,
mas também pelo seu próprio esforço.**

**Com a ajuda do corpo ao qual se anexa,
o Donum, ao aumentar a sua info-riqueza,
aprende que – pela lei da ação e reação –
o único caminho para ser feliz
é usar o Livre-Arbítrio
para gerar apenas o bem e info-riquezas
no Universo.**

Os médicos, ao testarem novos remédios,
sempre dividem os pacientes em dois grupos,
um dos quais recebe – sem saber – pílulas falsas,
chamadas placebo,
como se contivessem o verdadeiro remédio.
Isto permite aos médicos desconsiderar o efeito
da esperança, do pensamento positivo,
e apenas medir o resultado real da nova droga.
Está provada estatisticamente a validade clínica
de termos uma postura positiva frente à vida.
Os médicos sabem que isso funciona,
embora ainda desconheçam precisamente o porquê.

Dezenas de livros expõem a importância
de agirmos sempre na direção do bem
e de fazermos info-riquezas, em vez de as destruirmos.
Quase todas as doutrinas religiosas e esotéricas
advertem ser este o caminho
da saúde, do sucesso e da felicidade,
quer seja para obedecermos um mandamento divino,
quer seja para nos integrarmos às forças da natureza,
quer seja como um método de evitar estresse e doenças.

A verdadeira razão por trás da eficácia
do pensamento e ações positivas
é a ***lei universal da ação e reação.***
Nós recebemos de volta tudo aquilo que construímos.

E o Mestre concluiu a nossa conversa:

Você é um Donum no Universo e apenas um,
separado e independente de todos os outros Donum.
Você é um tipo de energia único na natureza, eterno,
e, graças à VEV universal que lhe dá vida,
destinado a evoluir incessantemente.
Você nunca descerá do estágio evolutivo atingido.

Está, no momento, agregado a um corpo humano
para participar de experiências e desafios
em que tem a oportunidade de usar o Livre-Arbítrio
para acelerar a sua auto-evolução
em Sabedoria e Valores Morais,
fazer o bem e construir info-riquezas no Universo.

Quando deixar o seu corpo humano,
você, Donum, retornará ao espaço universal
e terá novas experiências e oportunidades de evoluir:

> talvez permanecendo no espaço,
> talvez se ligando a um novo corpo na Terra
> ou a um novo corpo noutro ponto do Universo,
> ou talvez indo para um novo tipo de experiência
> que desconhecemos.

O caminho da felicidade é simples
e se baseia na lei da ação e reação
que funciona em todo o Universo:

Se você respeitar os outros Donum
e o corpo ao qual você está anexado
e também respeitar a natureza
de modo a jamais criar dor no Universo,
você receberá progressivamente
um quinhão maior de felicidade.

CARACTERÍSTICAS DESTE LIVRO:

Formato: 12 x 17 cm

Tipologia: Arial 10/12,5

Papel: Pólen 70g/m^2 (miolo)

Cartão Supremo 250g/m^2 (capa)

1 edição: 2007

Impressão: Sermograf